Colline Jux

ALLEIN MIT KIND · BAND 5

Mut im Bauch

There is freedom waiting for you
on the breezes of the sky,
And you ask: „What if I fall?"
Oh, but my darling, „What if you fly?"
Erin Hanson

Colline Jux

ALLEIN MIT KIND · BAND 5

Mut im Bauch

Wenn aus Liebe Leben wird

Diese Buchreihe gibt Einblicke in das echte Leben
allein mit Kind/ern

Disclaimer

Dieses Buch ist nach bestem Wissen und Gewissen erarbeitet worden. Alle Angaben sind ohne Gewähr. Die Autorin haftet nicht für eventuelle Nachteile oder Schäden, die aus den im Buch gegebenen Hinweisen und Tipps entstanden sind. Dieses Buch kann keine ärztliche oder therapeutische Begleitung ersetzen.

Copyright @ 2024 Colline Jux. Alle Rechte vorbehalten.
Für den Inhalt der angegebenen Websites ist der jeweilige Anbieter ausschließlich verantwortlich.

Lektorat: Sarah Zöllner, sarahzoellner.com
Design, Illustrationen und Buchsatz: Silke Wildner, silkewildner.de

Bibliografische Information der Deutschen Nationalbibliothek
Die Deutsche Nationalbibliothek verzeichnet diese Publikation in der Deutschen Nationalbibliografie; detaillierte bibliografische Daten sind im Internet über dnb.dnb.de abrufbar.

Herstellung und Verlag: BoD – Books on Demand, Norderstedt
ISBN: 9783759750853

Kapitelübersicht

Phase 1

Die Kunst des Loslassens. Wenn das Alte geht und das Neue noch nicht da ist.

Phase 2

Der Wandel als Chance und das Hineinwachsen in ein neues Leben.

Phase 3
Jenseits des Gewohnten. Wachstum durch Vertrauen.

Vorwort

In ihrem ersten Buch nimmt uns Colline auf ihr Wagnis ins Glück mit und findet dabei eine unübertroffene Liebe, die einzigartige Liebe zu ihrem Kind, ihrem Sohn. Die Leser*innen dürfen in ihr Leben blicken, besondere Momente, große Gefühle, Wut, Angst und Freude mit ihr teilen, ein feines Geflecht aus sensiblen und spannungsgeladenen Handlungsmomenten. Man will mehr wissen und schafft es dabei nicht, das Buch aus der Hand zulegen.

Der Weg von der Karrierefrau zur alleinbegleitenden Mama ist nicht einfach, immer wieder gefangen in den eigenen Gedanken und Gefühlen, und wie man von anderen gesehen wird. Es braucht großen Mut und Stärke, sich da herauszuschälen. Mutig und kraftvoll wechselt die Autorin die Perspektive und wird nicht nur eine liebevolle und bedürfnisorientierte Mutter, sondern schafft es auch gleichzeitig, für sich einzustehen und ihren Weg zu gehen.

Das ist es, was sie uns erzählt, weil sie zeigt, es geht. Steige wie ein Adler auf in die Lüfte, und du siehst, dass von dort oben große Dinge klein und unbedeutend werden. Dabei entdeckt das Adlerauge etwas, was viel wichtiger ist: Das Wesentliche. *Was ist Dir wichtig?*

Viel Freude beim Lesen! Beim Schließen wirst du das ein oder andere überdacht haben.

Pari

Einleitung

Viele Gedanken, ein Moment, ein Gefühl – und genau diesem bin ich gefolgt. Fast unmittelbar nach dem Aufeinandertreffen von Frage und Antwort.

Frage an mich selbst: *„Will ich ein Buch schreiben – und wenn ja, worüber?"*

Antwort des Universums: Das Finden der Buchreihe „Allein mit Kind".

Während ich in den Nachtstunden auf meiner mintgrünen Couch saß, über die Möglichkeit nachdachte und der Stille lauschte, fühlte ich: *„Ich will nicht mehr warten"*. Ich stand auf, holte meinen Laptop und begann zu schreiben. Das Probekapitel. Und mehr als das. Ich war im Flow. Die Zeit war reif.

Es fehlte nur noch dieser eine Schritt. Dieser letzte und zugleich erste Schritt: *„Colline, bewirb dich. Jetzt oder nie. Einfach machen"*, flüsterte eine leise und doch ausreichend laute Stimme in meinem Ohr.

Das tat ich. Schon kurz darauf hatten ich meinen ersten Zoom-Call und es ging los. Es ging einfach los. In meinem Kopf war das immer ein so großer und unbezwingbarer Berg gewesen. In diesem Moment fühlte es sich jedoch sehr leicht an. Wieder einmal ein Beweis dafür, dass „einfach machen" so viel wertvoller ist als „overthinking".

Genauso würde ich den Rest meines Weges beschreiben: Ich habe Mut anstatt Bequemlichkeit gewählt. Ich bin meinen Weg weiter gegangen. Ich habe gefühlt. Mut im Bauch. Immer wieder und die ganze Zeit.

Mein Buch „Mut im Bauch" war eine Entscheidung für mich und gegen das, was ich immer dachte sein zu müssen: „Perfekt". „Normal". „Angepasst". Es bedeutet für mich, meinen Weg zu gehen und das ist nicht weniger als eine kleine Revolution.

Und damit bin ich nicht allein. Das hat mir die Buchreihe „Allein mit Kind" gezeigt.

Genau das möchte ich dir, liebe Leserin und lieber Leser, mitgeben. Wähle Mut anstelle von Bequemlichkeit und gehe deinen eigenen Weg. Sei dir dabei einer Sache immer bewusst: Du bist nicht allein!

Öffne dein Herz und wie Mary Oliver schon sagte: *„Keep some room in your heart for the unimaginable."*

Deine Colline

Phase 1

Die Kunst des Loslassens.
Wenn das Alte geht und das Neue
noch nicht da ist.

Meine ganz persönliche Geschichte

*„Meines Erachtens gibt es zwei
große Schritte, wenn man etwas
in seinem Leben verändern möchte."*

Der erste Schritt ist, ins TUN zu kommen. Das bedeutet, den Schritt der Veränderung zu wagen. Der zweite Schritt ist, DRANZUBLEIBEN. Das bedeutet, nicht bei der kleinsten Hürde – und ja, diese Hürden und Berge gibt es – wieder in alte Muster zu verfallen oder aufzugeben. Es geht darum, zu vertrauen. Ohne Vorbehalte. Ohne Sicherheitsvorkehrungen. Denn, wenn wir den Sprung ins Unbekannte wagen, dann fühlen wir uns frei und leicht. Fast so, als könnten wir fliegen. Auch, wenn wir dabei Todesängste ausstehen.

„What if I fall? Oh, but my darling, what if you fly?"
Erin Hanson

Begonnen habe ich meine Reise zu mir vor über drei Jahren. Ich wusste, es muss sich etwas verändern. Ich wusste damals, um ganz ehrlich zu sein, überhaupt nicht, WAS ich verändern wollte, noch weniger wusste ich, WIE. Ich hatte das Gefühl, dass sich auf meinen Schultern eine Last breit gemacht hatte, die schwerer nicht hätte sein können. Stillstand. Atemlosigkeit. Bewegungsunfähigkeit. Ich wollte das einfach nur „weg" haben. Weniger vom Mehr. Bevor ich mir also Gedanken machen konnte, wohin meine Reise gehen sollte, musste ich mir Luft zum Atmen verschaffen. Radikale Veränderung. TUN. Ich wollte frei sein und diesen Teil von mir – ohne zu wissen, welcher das war, der sich so einengend angefühlt hat, los lassen. Ich habe meine Wohnung und meinen Job gekündigt und mein komplettes Hab und Gut auf ein acht Quadratmeter großes Kellerabteil reduziert. Alle Gegenstände in meiner Wohnung wurden in die Hand genommen, im wahrsten Sinne des Wortes. Denn ich habe in diesem Prozess jede einzelne Sache in der Hand gehabt und sie laut gefragt: *„Machst du mich glücklich?"*.

Es gab Dinge, bei deren Betrachtung saß ich weinend auf dem Boden und es hat mich durchgeschüttelt, bei anderen ist gar nichts passiert. Werte, die nie frei sein durften und viele Jahre einen tobenden Sturm in mir verursacht hatten, sind zum Vorschein gekommen. Ich habe die KonMari-Methode Schritt für Schritt angewandt und für mich stimmig angepasst. Durch das Aussortieren und Ausmisten dieser vielen materiellen Gegenstände, habe ich zum ersten Mal festgestellt, wie die Dinge, von denen ich umgeben war, mich aufgefordert haben, mich mit ihnen zu beschäftigen.

Jede Kommode wollte geputzt, jede Schublade genutzt werden. Jede Nudelvorratspackung wollte gekocht und jedes Kleid getragen werden. Jeder vererbte oder geschenkte Gegenstand wollte bei mir weiterleben und hat mich immer schwerer werden lassen. Ich habe verstanden was die einzelnen Räume in meiner Wohnung über meine Persönlichkeit aussagen. So viele Erwartungen von „Dingen". Das Loslassen hat mir nicht nur die Möglichkeit gegeben im Hier und Jetzt anzukommen, sondern mir auch einen klaren Schritt auf meinem Weg zu mir selbst ermöglicht. Ich habe mich nach dem Loslassen meines materiellen Besitzes so unglaublich frei und leicht gefühlt.

Danach wurde ich alleinbegleitende Mama. Ich bin heute der tiefen Überzeugung, dass ich durch diesen ganzen Loslassprozess Platz für neues Leben geschaffen habe. Mit dem Beginn meiner Schwangerschaft stellte ich allerdings fest, dass das materielle Loslassen viel weitere Kreise gezogen hat, als ich für möglich gehalten hatte. Dass es sich nicht nur um das Loslassen von Dingen handelte, sondern um sehr viel mehr. Während ich dachte, ich hätte alle Arbeit

getan, fing die wirkliche Arbeit erst an. Die Arbeit an und mit mir.
Ich hatte zwei Möglichkeiten. DRANZUBLEIBEN oder aufzugeben. Ich habe mich für Ersteres entschieden.

Die Kunst des Loslassens

Mein „Weniger ist Mehr vom Ich" entspricht für mich ein bisschen dem skandinavischen Minimalismus. Der skandinavische Minimalismus ist unaufgeregt, schlicht, ruhig, funktional und auch sehr stilecht. Die Schweden sagen „lagom" – weder zu viel noch zu wenig. Also genau richtig. Mein Herz habe ich schon in meiner Kindheit in Schweden gelassen. Meine Großeltern hatten dort ein typisch schwedisches Haus mit viel Grün, Beeren-Sträuchern, steinig-moosigen Felsen, unglaublich viel Wildwuchs und Elchen im Garten. Selbst der typische See mit dem kleinen Fischerboot war fußläufig erreichbar. Sie haben mehrere Monate im Jahr dort verbracht und es gab keine Sommerferien ohne Astrid Lindgren und die Kinder von Bullerbü. Für mich war das der Ort, an dem ich meinen Gedanken, meiner Fantasie freien Lauf lassen konnte. Die Natur, die Ruhe, die Stille. Jedes Mal, wenn ich dort war, hatte ich das Gefühl, in eine andere Welt einzutauchen. Mittelpunkt der dortigen Lebensweise und des Stils sind vor allem die Ruhe und Klarheit. Die kleinen Dinge des Lebens werden dort sehr bewusst wahrgenommen und der Fokus auf das Wesentliche gerichtet. Dieser Gedanke schenkt mit schon beim Schreiben Platz und Luft zum Atmen.

Ich lebe „Weniger ist Mehr vom Ich" nun seit über drei Jahren. Manche nennen es ‚Minimalismus', denn ja, ich könnte es in diese Schublade einkategorisieren. Aber das fühlt sich für mich nicht stimmig an und wenn ich eine Sache als alleinbegleitende Mutter gelernt habe, dann, dass ich mich nicht mehr in eine Schublade stecken lassen möchte. Denn ich bin so viel mehr als eine Schublade und was ich lebe ist so viel mehr als eine Sache. Außerdem schlafe ich nicht auf nur einer Matratze auf dem Boden oder habe nur noch zwei Tassen im Schrank. Dennoch habe ich viel weniger

Besitz als die meisten Menschen. Besitz besitzt. Meine „Weniger ist Mehr vom Ich" - Einstellung ist eine Lebenseinstellung und so individuell wie jede und jeder von uns. Genauso wie Mutterschaft.

Mein Loslassprozess und meine Identitätsarbeit fiel mit der Mutteridentität zusammen. *„Die Mutteridentität wird in der Zeit der Schwangerschaft des ersten Kindes und in den ersten Monaten nach seiner Geburt entwickelt. Die Mutterwerdung führt zu dem wohl einschneidendsten Identitätswandel im Leben einer Frau und nimmt einen zentralen Platz in ihrer Psyche ein. Von besonderer Bedeutung ist, dass die Mutterwerdung im Erleben eine ‚moralische Transformation‘ bewirkt. Es kommt zu einer totalen Umstellung des Lebensstils einer Frau. Selbstbild, gefühlsmäßiges Erleben und Verhalten erfahren radikale Veränderung."*[1]

Ich wusste damals weder, dass es eine Mutterschaftsidentität gibt, noch, dass meine Veränderung notwendig war, damit ich mich Stück für Stück wieder aufrichten konnte. Meine komplette Welt hat sich verändert. Ich habe alles, mit dem ich mich identifiziert habe, hinterfragt. Ich habe Rollenbilder, die ich dachte erfüllen zu müssen, losgelassen, um mehr ich selbst zu sein. Von „So muss es sein" zu „So bin ich".

Mari Kondo beschreibt in ihrem Buch[2], dass Dinge, die man losgelassen hat und die wieder zurückkommen, auch wirklich zu einem gehören. So war das. Da waren Dinge dabei, die mir gut gefallen haben und wieder zurückkamen, aber auch Eigenschaften, die ich an mir verachtet habe, weil ich dachte anders sein zu müssen, um anerkannt und geliebt zu werden. Auch diese habe ich Schritt für Schritt angenommen. Ich habe gelernt meine vermeintlichen Schwächen zu lieben und meine Stärken zu stärken. Es ging also weniger um meinen materiellen Besitz und mehr um den Umgang mit mir, meinen Werten, meinen Bedürfnissen und Wünschen.

Mit dem Befreien von meinem materiellen Besitz kam also die Erleichterung von Terminen, Verpflichtungen, Verantwortung, Freizeitevents, Menschen und vor allem von Erwartungen. Erwartungen, die andere an mich hatten und ich an sie, allen voran aber Erwartungen, die ich an mich selbst hatte. Es war für mich unabdingbar, mich zu priorisieren, um gut für uns, mich, meinen Sohn und unsere Hündin, sorgen zu können. Es wurde mir Stück für Stück gleichgültiger, was oder wen ich dadurch verlor, denn ich gewann mich. Jackpot also. Was sehr einfach klingt, war ein zäher Prozess. Immer wieder habe ich mich durch selbst gestellte Erinnerungen in meinem Handy an mich erinnert. Anstatt „Abfahrt Flughafen Malediven" hat der Wecker mit der Frage geklingelt: *„Willst du das gerade wirklich?"* oder *„Wie geht's dir?"*. Ich habe Post-Its in meiner Wohnung verteilt, auf denen stand: *„You go first"*, *„Was ist dir wichtig?"*, *„Denk an dich"* und vieles mehr. Ich habe das jeden Tag trainiert. Ich habe trainiert, mich an erster Stelle zu setzen und gespürt, wie sich dieser mentale Muskel langsam entwickelt hat. Ich wollte weniger von allem und mehr von mir. Ich wollte mich wieder leicht fühlen. Ich wollte fliegen.

Manche sagten ich sei egoistisch. Ich nenne es Self-Care. Denn es bedeutet nicht, dass ich für niemanden mehr da bin, sondern lediglich zu meinen Konditionen. Ich überschreite meine Grenzen nicht mehr für andere.

Mein Vertrauensangebot

„Wenn du alles loslässt in deinem Leben, um frei zu sein und dann plötzlich schwanger wirst. "

Was dann? Ja, was dann? Das war die Frage, die ich mir gestellt habe. Ich wollte doch gerade ein neues Leben anfangen. Ein Leben nach meinem Geschmack. Nur noch das machen, worauf ich Lust hatte, was mir in den Sinn kam und mir nicht mehr sagen lassen, was gut für mich war. So lange war ich der Freiheit, der Authentizität, und der echten Liebe hinterhergelaufen. Hatte sie gesucht und unerschütterlich gehofft, dass es an meiner Tür klopfen und ich endlich in Sicherheit und Geborgenheit sein würde. Stattdessen wurde ich schwanger und dachte, meine Freiheit, Authentizität, Eigenständigkeit und das Finden der wahren Liebe sein nun endgültig vorbei. Ich ahnte nicht, dass es der Anfang von allem war, was ich mir immer gewünscht hatte. Dass es damit an meiner Tür klopfte und meine Reise zu meiner ganz eigenen Sicherheit und Geborgenheit begann. Das Einzige, was ich brauchte, war MUT.

Dennoch: Ich hatte Angst. Ich fühlte mich hilflos. Ohnmächtig. Bewegungsunfähig. Gefangen. Mein Kopf war ein weich gekochter Eintopf voller Fragen. Wie soll ich das schaffen? Wie soll das gehen? Will mich jemals wieder ein Mann haben? Woher soll ich das Geld nehmen? Wie soll ich uns finanzieren? Kann ich jemals wieder reisen gehen? Wie soll das mit der Arbeit funktionieren? Wer kann mich unterstützen? Wem vertraue ich? Diese Fragen und viele Kolleginnen davon. Selbstzweifel. Fehlendes Vertrauen. Angst. Mutlosigkeit. Hilflosigkeit. Es war so viel Erschütterung. Ich fühlte mich lebendig begraben. Zeitgleich war da aber auch dieses unerschütterliche Wissen, dass ein kleines Wunder sich den Weg zu mir gebahnt hatte und gemeinsam mit mir den Weg in das unentdeckte Leben gehen wollte. Dieses Wissen, wenn du weißt, dass in deinem Körper zwei Herzen schlagen. Dein eigenes und das Herz deines Kindes. Ich wusste und fühlte das. Doch ich konnte dieses Gefühl des Glücks nicht zulassen. Meine Angst- und Schuldgefühle überlagerten alles. Ließen mir keinen Platz zum Annehmen. Weinend lag ich auf meinem blauen, weichen Badezimmerteppich von IKEA und wusste nicht wohin mit „uns". Ich hatte circa 40-mal die Anleitung des Schwangerschaftstests aus meiner Lieblingsdrogerie gelesen, in der ich kurz zuvor mit einer Vollbremsung gelandet war, weil ich spürte: *„Etwas ist anders. Ich muss einen Schwangerschaftstest machen."* Ich hatte keine Ahnung woher, dieser Gedanke kam, aber er war da und ich folgte ihm. Keine 15 Minuten später bestätigte der Test, was ich schon wusste. Meine Eingebung war richtig: Ich war schwanger. In meinem Kopf war es die Worst-Case-Situation ever: Magic Cleaning deluxe, Wohnung gekündigt, Job gekündigt, Umzug in eine neue Stadt, die Erkenntnis, dass meine fast 13-jährige Beziehung „Schnee von gestern" und ich schwanger von einer amourösen Abenteuerreise war. Hilfe! Ich habe doch gerade alles losgelassen. Die gewonnene Freiheit wieder abgeben?

Angst vor der Verantwortung. Angst vor der Unsicherheit. Angst vor dem Unbekannten. Angst vor dem Alleinsein. Angst vor dem was kommen würde. Meine tiefsten Ängste wurden mir auf dem Silbertablett serviert. Ich wusste nicht weiter und wünschte mir einfach nur, dass ich die Zeit zurückdrehen könnte und alles wieder „normal" sein würde. So hatte ich mir mein Reset nicht vorgestellt. Schließlich wollte ich mir – also so nur mir – ein neues Leben gestalten. Neu anfangen. Wie sollte das gehen? Mit Baby. Alleinbegleitend. Ohne Partner. In einer neuen Stadt. Mit einem neuen Job. *„Wie?"* habe ich plötzlich lauthals und voller Verzweiflung in meine Wohnung geschrien, *„Warum ich?"*. Die Worte flogen von Wand zu Wand, wie ein Echo – in der schon fast vollständig leer geräumten Wohnung. Sie schallten zurück und dann verklangen sie. Als ob ich sie nie ausgesprochen hätte. Sie hallten nur in meinem Kopf nach.

Ich habe mich langsam aus der kümmerlichen Embryohaltung aufgerichtet, mein Telefon gesucht, und meine damalige Therapeutin angerufen, bei der ich mich – und das ist Ironie pur – ein paar Stunden zuvor mit einer lieben Karte und einem Blumenstrauß verabschiedet hatte. Bedankt für die vielen Erkenntnisse, für die Aufarbeitung meines Kindheitsrucksacks, ihre Unterstützung und Begleitung durch mein wildes Leben in den letzten Jahren. Sie wusste so vieles, was ich davor nie jemandem erzählt hatte. Im Zweifel wusste sie mehr über mich als ich. Der Anruf bei meiner Therapeutin landete noch ganz klassisch auf dem Anrufbeantworter mit der Botschaft: *„Ich bin schwanger. Hilfe. Was soll ich tun? Wir müssen und wiedersehen. Schnell.“* Heute muss ich schmunzeln. Als ob, sie mir die Frage hätte beantworten können. In diesem Moment wollte ich wieder zurück in mein altes, bekanntes, bequemes und vor allem vertrautes Leben. Egal was für ein Durcheinander das war. Da kannte ich mich schließlich aus. Da wusste ich, wo ich wohnte, wie ich zur Arbeit fuhr, wie ich die Dramen in meinem Leben aufrechterhalten und dem Alltagstrott weiter folgen konnte. Sie rief mich zurück und ich bekam direkt nach dem Wochenende einen Termin.

Nicht nur bei ihr, auch bei meiner Frauenärztin. Der Ultraschall machte es nicht besser. Er setzte mich unter Druck. *„Sie sind in der achten Woche und haben gesetzlich bis zur zwölften Woche die Möglichkeit, abzutreiben“.* *„Wollen Sie wirklich abtreiben? Warum? Was sagt Ihr Partner dazu?“* Ich konnte der Ärztin dabei nicht in die Augen sehen. Scham und Schuld besetzten die Logenplätze dieses Kinofilms, in dem ich mich befand. Ich schämte mich so abgrundtief bei dieser Frage. Ich fühlte mich schuldig. Hättest du doch lieber keine Affäre angefangen und wärst dir treu geblieben! Obendrein fühlte ich mich wie eine Versagerin. Es gab da niemanden, der an meiner Seite sein wollte. Es gab da niemanden, der mit mir mein Leben verbringe wollte. Es gab da niemanden, der mich liebte. Ich hatte kein perfektes Leben. Auch, wenn das jeder dachte. Inklusive ich selbst.

Ich habe mich dafür geschämt, dass ich gesellschaftliche Standards, um die ich mich doch mein Leben lang bemüht hatte, nicht erfüllen konnte.

Ich hatte Angst, dass ich nicht mehr die toughe und sportliche Karrierefrau war, die ihr Leben vermeintlich im Griff hatte und mutig ihren Weg ging.

Ich habe mich geschämt, dass ich dafür verurteilt werden würde, dass ich eine Beziehung mit einem Mann und werdenden Vater hatte, mit dem ich eine der verrücktesten und schönsten Zeiten gehabt hatte.

Ich habe mich geschämt, dass mir die Anerkennung anderer Menschen wichtiger war. Ich wollte mir meinen Status, den ich mir so lange erarbeitet hatte, erhalten.

Ich hatte Angst, dass das Bild, dass ich so tatkräftig viele Jahre von mir gezeichnet hatte, verwässern und verblassen würde und ich neu anfangen müsste. Ich hatte doch mehr als 30 Jahre Herzblut in es investiert.

Ich schämte mich, dass ich nach einer schnellen „Mach-weg-Möglichkeit" suchte, anstatt mich dem Leben, meinen Gefühlen und meinen Ängsten zu stellen. Ich wollte mein Leben nicht anhalten. Ich wollte weiterrennen. Weiter auf der Flucht sein und vor meinem Leben davonlaufen. Ohne, dass ich wusste, dass es eine Flucht vor mir selbst war.

Ich habe mich dafür geschämt, dass ich nicht für mich einstehe, denn der Stich in meinem Herz beim Hören der Herztöne verriet mir eigentlich schon, dass das mein Leben war. Meine größte Sehnsucht hinter den vielen Ängsten. Aber ich wollte ihn nicht fühlen. Also holte ich mir, schweren Herzens, die Bescheinigung, die mir einen Abtreibungstermin ermöglichen sollte.

Wenn mich jemand gefragt hätte, ob ich schwanger werden wollte, hatte ich das immer verneint. Denn, wie mir heute bewusst ist, durch das Nicht-Aussprechen dieser Sehnsucht, dieses tief verwurzelten Wunsches, kam ich erst gar nicht in die Verlegenheit, enttäuscht zu werden, dass er nicht erfüllt wurde. Stattdessen habe ich immer Ausreden gefunden, warum vielleicht gerade etwas nicht so gut lief und Gründe herbeigezaubert, warum ich besser nichts veränderte. Also war ich lieber die toughe Karrierefrau, die gerade keine Kinder wollte und ihr Ding machte. Bloß keine Abhängigkeit.

Relativ zeitnah hatte ich das Beratungsgespräch bei Pro Familia. Am Telefon. Ich weiß weder, mit wem ich da gesprochen habe, noch wie die Frau ausgesehen hat. Dennoch hat sie einen Satz gesagt, der etwas veränderte, und sich tief in meine Seele eingeprägt hat: *„Frau Jux, viele Frauen treiben ab, damit sie ihr altes Leben wiederbekommen und so weitermachen können wie bisher. Sie haben Angst vor der Veränderung. Aber Ihr altes Leben werden Sie nicht mehr zurückbekommen. Denn Sie sind schwanger. Das Leben davor gibt es nicht mehr. Ihr Leben wird ein Neues sein. Mit oder ohne Kind. Dessen dürfen Sie sich bewusst werden."*

„Ihr Leben davor gibt es nicht mehr." Wow!

Ich ließ mich weitere neun Tage von meiner Therapeutin begleiten. Einige intensive, tränenreiche und meinen-Ängsten-in-die-Augen-schauenden Therapiestunden später kam der Moment, in dem ich morgens aufwachte und für einen Moment glaubte – verloren. Die Vögel zwitscherten vor meinem Fenster, alles schien still und selig, doch meine Brüste spannten nicht mehr. Hatte ich mein Baby verloren? Ich lag noch in meinem Bett und in Schallgeschwindigkeit schossen die Tränen aus meinen noch halb geschlossenen Augen und flossen meine Wangen entlang. In diesem Moment verstand ich: Ja, ich will. Ich will dich. Genau dich, und ich werde alles dafür tun, dass es dir gut gehen wird. Denn du, mein Sohn, bist da, weil du genau dahin gehörst, wo du gerade bist. In diesen Bauch, zu dieser Mama – und auch zu diesem Papa, in diesem Moment. In diese Welt und zu dieser Zeit. Und weißt du was: *„Zimti? Wir schaffen das."* Denn eine Sache weiß ich. Ich bin mutig und ich bin stark. Ich finde immer eine Lösung, auch wenn es vermeintlich keine gibt. Denn ich bin deine Mama und werde immer für dich da sein. Zimti übrigens deshalb, weil ich Zimtschnecken über alles liebe und weil ich eine Karte von IKEA an der Wand hängen hatte, auf der stand: *„Weil es ohne Purzelbäume nur Zimtstangen gäbe".*

Genau dieser Moment schenkte mir Mut, Kraft und Liebe. Dieser Moment zeigte mir, wonach mein Herz schon im ersten Moment gerufen hatte. Die Antwort auf die – auch für mich unvergessliche und sehr bewegende – Frage meiner Therapeutin konnte ich klar beantworten. *„Frau Jux, Sie haben ein Vertrauensangebot erhalten, nehmen Sie es an?"* *„Ja. Ja, ich will."* Ich entschied mich für das Leben. Ich weinte und weinte und weinte. Dieses Mal vor Freude, Erleichterung und Dankbarkeit. Ich habe das Ausmaß dieser Frage erst lange danach verstanden. Mein Sohn hat mir schon sein Leben anvertraut, bevor ich überhaupt an mich geglaubt habe. Mut im Bauch. Dieses Geschenk ist heute meine größte Motivation. Denn manchmal braucht es nur eine Person in deinem Leben, die an dich glaubt.

Ich habe sogar meine Therapeutin nach meiner Entscheidung um eine Spiegelung meines Prozesses gebeten und sie meinte, dass ihr schon von der ersten Sekunde an klar war, dass das Baby zu behalten meine Herzensentscheidung war. *„Ihr Verstand hat hier mit deutlichem Fuße hinterhergehinkt."* Ich werde die Zeit der Entscheidungsphase niemals vergessen. Sie war die wichtigste Zeit für alles, was war, was danach kam und was noch kommen wird. Es war die erste Entscheidung in meinem Leben, die ich bewusst für mich, für uns, getroffen habe und in der ich – trotz all meiner Ängste und Zweifel – ins kalte Wasser gesprungen bin und meinem Herzen folgte. Es war einer der ersten Momente in meinem Leben, in dem ich an mich glaubte und wusste: Ich werde das schaffen. Ich habe zwar keine Ahnung wie, aber es wird einen Weg geben und ich werde ihn finden. Mir war egal, was passieren würde. Mir war egal, wer sich dagegenstellte. Mir war egal, was morgen sein würde, da ich heute lebte. Mir war egal, ob ich alles verliere und bei Null anfangen würde. Es war eine der schwersten Entscheidungsphasen, die ich zu treffen hatte und gleichzeitig war es die beste Entscheidung meines Lebens. Denn es war eine Entscheidung für mich und gegen das, was ich immer dachte sein zu müssen: Perfekt. Normal. Angepasst.

Trennung, ohne zusammen zu sein

Mein erster Gedanke, als ich dieses Kapitel angefangen habe zu schreiben, war: *„Hierzu kann ich nichts schreiben. Wir haben uns nie getrennt, da wir nie zusammen waren. Nach der klassischen Definition hatten wir eine Affäre, also eine ‚heimliche und geheime Beziehung, die oft gegen die Regeln oder den moralischen Kodex des Betreffenden verstößt‘".*[3] Mein zweiter Gedanke war: *„Doch, wir waren in einer Beziehung. In einer sehr intensiven Beziehung sogar. In einer der intensivsten Beziehungen, die ich je hatte."* Wir hatten Zeit. Jede Menge. Während die Welt ihre Türen verschlossen hat, haben wir sie geöffnet. Während die Welt Abstand gehalten hat, haben wir unsere Nähe gesucht. Während die ganze Welt gesagt hat, das geht nicht, haben wir es einfach gemacht. Die Tür geöffnet, in eine ganz andere Welt. Eine Welt, in der wir etwas frei gelassen haben, dass in der Form bei mir ganz lange nicht frei sein durfte. Der Duft von Freiheit. Der Geschmack von Liebe. Die Magie des Herzens. Die Essenz der Seele.

Wir hatten knapp eineinhalb Jahre eine Liebesbeziehung. Wir sind uns in 2000 km Höhe beim Skifahren in der Schweiz vor die Füße gefahren und haben Luftlinie 200 Meter voneinander entfernt in Deutschland gewohnt. Wir haben in derselben Firma gearbeitet, kannten uns aber nicht. Unser erstes Treffen dauerte 15 Minuten. Wir sind durch die Waschanlage gefahren und ich hätte fast einen Tram-Crash verursacht. Und was soll ich sagen, ich habe in den fünf Minuten Waschanlage und zehn Minuten Autofahrt so viel und aus tiefstem Herzen gelacht, eine Vertrautheit gespürt, ohne dass wir uns davor jemals gesehen oder unterhalten hätten. Dieser Zustand hielt eineinhalb Jahre an. Es hat sich angefühlt, als ob wir uns schon ewig kennen. Meine Welt hat sich von jetzt auf gleich um 180 Grad gedreht. Ich persönlich glaube nicht an Zufälle. Es fällt einem zu, was fällig ist. Für mich war es eine der intensivsten Liebesbeziehungen, die ich erleben durfte. Ich habe meine Weiblichkeit gelebt und in jeder Zelle meines Körpers gespürt. Ich habe mich so vollständig gefühlt. So verbunden. So angekommen. Ich habe in den Spiegel geschaut und mich gesehen. Ich bin auf einer Wolke geflogen, die ich nicht wage zu beschreiben. „Komm mit. Komm mit mir ins Abenteuerland. Auf deine eigene Reise. Der Eintritt kostet den Verstand." Unser Zuhause war die Welt. Wiesen und Wälder. Auf dem Rad oder zu Fuß. Auf offenen Plätzen oder in leeren Büroräumen. Immer mit einem Ziel. Gemeinsam Zeit zu verbringen, ohne zu verstehen, was da gerade passiert. Es waren zwei Herzen, die sich in so kurzer Zeit so nahegekommen sind, die sich wie Magnete angezogen haben und jeder Versuch, den Verstand einzuschalten und die rot leuchtende Ampel nicht mehr zu überfahren, blieb ein Versuch. *Ich mag, wer ich bin, wenn ich bei dir bin"*, war einer meiner Lieblingssätze. Ich habe in den Momenten alles darum herum vergessen und mich selbst gespürt. Diese Begegnung war so frei von jeglichen Bewertungen, jeglichen Zwängen, jeglichem „So-muss-ich-sein", „So-sollte-ich-aussehen". Ich war so selten geschminkt. Ich war so oft verschwitzt. Ich war nie zurecht gemacht, immer nur in meiner bequemsten Kleidung unterwegs. Ich war ich. Zu jeder Zeit. In jedem Moment. Einfach immer. Und ja, ich habe mir mehr als nur einmal ganz fest vorgenommen, dass das ein Ende haben musste. Weil alles, aber auch alles im Außen dagegengesprochen hat. Corona. Seine Beziehung. Werdender Vater. Meine Beziehung. Meine Werte. So oft hat mein Verstand das große rote Stoppschild aus der Tasche gezogen und mir gesagt: *„Du darfst nicht. Das geht nicht. Du bist schuld. Schäme dich."* So oft. Es war ein Kampf zwischen Kopf und Herz. Es war ein Wettlauf gegen die Zeit. Ich hatte auf der einen Seite das Gefühl, dass ich mein Leben nicht mehr unter Kontrolle hatte, auf der anderen Seite habe ich mich so frei, begehrt und geliebt gefühlt, wie nie zuvor. Ist es nicht das, wofür es sich zu leben lohnt?

Obwohl ich meinen engsten Freundinnen davon erzählt habe, obwohl ich meinem damaligen Partner von meiner Affäre erzählt habe, habe ich mir nie eingestanden, was ich fühlte und was es bedeuten würde, diese Gefühle zuzulassen. Und zwar in aller erster Linie mir selbst gegenüber. Somit war ich eine Sache nie: Ehrlich zu mir selbst. Dass ich mich verliebt hatte. Dass ich aus dieser Zauberkugel eigentlich gar nicht mehr aussteigen wollte. Dass ich Angst davor hatte, was passieren würde, wenn ich mir meine Gefühle eingestehen und sie auch aussprechen würde. Dass ich Angst vor einem Nein hatte. Angst vor der Ablehnung. Dass ich dieses Gefühl dahinter nicht durchleben wollte. Also bin ich lieber in der Zauberkugel geblieben, als den Tatsachen in die Augen zu sehen. Denn nichts ist weiter entfernt, als ein werdender Vater. Ohne einen Spiegel, einen Coach oder meine Therapeutin weiß ich übrigens nicht, ob ich das jemals verstanden hätte. Nachdem sein erstes Kind auf die Welt kam, sind wir beide für ein paar Wochen in den Rückzug gegangen. Und ich glaube ehrlich gesagt, nicht mal unbedingt, weil wir keinen Kontakt mehr wollten, sondern aus Respekt voreinander, um das zu verarbeiten und zu integrieren. Ich war in diesen neun Monaten ein anderer Mensch. So verrückt das klingen mag. Der Mensch, der ich gerne sein wollte. In dieser Beziehung wurde eine Tür zu einer Version meiner selbst geöffnet, die ich so nicht kannte. Eine Mischung aus Freiheit und Liebe, die ich leben wollte.

In der Zeit des Rückzugs habe ich alles hinterfragt. Mein Leben. Meine Beziehungen. Meinen Job. Meine Wohnung. Meine Bindungs- und Verhaltensmuster. Alles. Einfach alles. Dieser Moment war meine Begegnung mit Magic Cleaning. Ich wusste, es muss sich etwas verändern in meinem Leben. Ich habe zuerst meine Wohnung gekündigt, dann meinen Job und anschließend mein komplettes Hab und Gut weggeworfen, verschenkt oder verkauft. Mein Leben auf das Wesentliche reduziert. Ich wollte alles loslassen, was mich festhalten konnte und wusste, ich würde diese Stadt verlassen. Wir trafen uns wieder, voller guter Vorsätze, uns „einfach" voneinander zu verabschieden und unsere Reise als schöne Erinnerung abzuspeichern. Denn beide wussten, es stehen neue Kapitel an und dass wir diesen Weg nicht gemeinsam gehen würden. Ich glaube, wir haben es zwei oder vielleicht auch drei kurze Treffen geschafft, uns nicht zu nahe zu kommen. Und ja, geschafft. Denn es war ein Kraftakt, sich gegen die Gefühle und diese unfassbare Magie und Anziehungskraft zu wehren. In den kommenden Monaten, hat sich mein Sohn seinen Weg zu mir gebahnt. Ich weiß nicht, wie es gewesen wäre, wenn ich geplant hätte, Mutter zu werden. Es sollte so nicht sein. Rückblickend hätte ich es mir nicht intensiver und schöner vorstellen können. Leben in die Welt zu bringen. Für mich waren es zwei Puzzleteile, die passten, die eine Reaktion in der Seele des anderen hervorgerufen haben, die schwer in Worte zu fassen ist. Auch, wenn sich unsere Wege nie wieder gekreuzt haben und wir nichts miteinander zu tun haben. Heute, fast drei Jahre später habe ich die Accounts, Chatverläufe und Bilder auf meinem Handy gelöscht. Werde ich die Erinnerungen, die Gefühle und die Spuren in meinem Herzen, genau dort tragen, wo sie hingehören. Bei mir.

Ich weiß, dieser Abschnitt liest sich sehr romantisch und zu schön, um wahr zu sein. Genau deshalb ist es mir allerdings auch so wichtig, darüber zu schreiben. Denn egal, wie schön etwas oder eine Beziehung sein kann, das Allerwichtigste ist, sich dabei nicht zu verlieren. Und das habe ich. Ich habe die Realität ausgeblendet und war nicht ehrlich zu mir selbst. Und ja, ich habe mir einige Monate danach die Frage mehr als einmal gestellt: *„Warum war ich nicht genug?"* Bis ich aufgehört habe, nach dem Warum zu fragen und verstanden habe, dass niemand da draußen für mein Glück verantwortlich ist. Dass niemand da draußen für meine Liebe zu mir verantwortlich ist. Dass mir ein Geschenk geliefert wurde, das mir gezeigt hat, wie es sich anfühlen kann, in völliger Einheit mit sich selbst zu sein. Meine Aufgabe ist es, diesen Einklang in mir zu finden. Mit diesem tiefen Verständnis habe ich mich auf den Weg gemacht. Von einer Brauchenden zu einer Habenden zu werden.

Getrennt haben wir uns mit einem letzten, intensiven Kuss. Unsere Augen haben in die Tiefe der anderen Seele geschaut. Schweren und traurigen Herzens. Mit einer Beklemmung in der Brust, die kaum auszuhalten war. Mit fehlendem Atem und einem Gefühl, dass ich nicht in Worte fassen kann. Es war für mich ein Moment, der sich verkehrter nicht hätte anfühlen können. Und doch erleichternder nicht hätte sein können. Denn es war am Ende nur noch ein Kampf, der nicht zu gewinnen war. Wir sind immer tiefer in den Sumpf eingestiegen. Unsere Herzen haben sich so nach einander gesehnt, aber es schien alles gegen uns zu sprechen. Ich zog in eine neue Stadt, hatte einen neuen Job und er war frisch gebackener Vater. Wir sind immer weiter voneinander weggelaufen. Ich glaube, dass keiner von uns mit dieser Kraft unserer Gefühle umgehen konnte. Es hat Angst gemacht. Mir hat es Angst gemacht.

Ich habe mich in so vielen Momenten für alles, was passiert ist, verurteilt. Ich habe mich dafür geschämt und versucht eine Erklärung für mein Verhalten zu finden. Therapie, Coaching, Beziehungsmuster, Trauma Bonding, Schattenfrau und ganz vieles mehr. Ich habe nach allem gesucht, was mir zeigen sollte, dass mein Verstand richtig lag und mein Herz falsch. Dass ich falsch war mit meinen Gefühlen. Ich wollte eine Erklärung dafür. Ich wollte immer, dass jemand kommt und mir sagt, das ist falsch, was du da fühlst. Du fühlst das nur, weil. Das ist nicht echt, und vieles mehr. Das hätte mir so viel Ruhe und Frieden geschenkt und ich hätte nicht durch den dunklen Tunnel der Enttäuschung, Angst, Verletzung wandern müssen. Nie wieder wollte ich in meinem Leben so verletzt und so stehen gelassen werden. Und doch habe ich verstanden: Wer tiefe Gefühle empfinden möchte, der läuft auch Gefahr, verletzt zu werden. Das eine geht nicht ohne das andere. Heute weiß ich, dass es der Beginn meines Weges zu mir war. Alleinbegleitende Mama zu sein, war genau das, was ich gebraucht habe, um mich auf den Weg zu mir zu machen. Mit der Geburt meines Sohnes habe auch ich das Licht der Welt nochmal erblickt.

Wir haben uns also nie als „Eltern" getrennt. Auch, wenn ich ihm einige Tage nach der Entdeckung meiner Schwangerschaft davon erzählt habe. Wir haben uns als Liebende getrennt. Genauso, wie wir uns begegnet waren.

Ich weiß, dass dieses Kapitel ein Trigger für viele Frauen sein kann, die betrogen wurden. Ich war selbst schon mehr als einmal in einer solchen Situation, betrogen zu werden. Dennoch möchte ich sagen: Geliebte zu sein ist einer der größten Stempel unserer Zeit. Als Geliebte ist man die Buhfrau. Ob man das will oder nicht. Da interessiert sich keiner mehr für das Warum. Man zerstört vermeintlich gut laufende Beziehungen. Mischt sich in fremde Angelegenheiten ein. Hat keinen Charakter. Das dachte ich früher auch. Heute sage ich „Nein". Mein ganz klares Nein zum Stempel. Denn ich bereue keine Sekunde und ich würde nicht einen einzigen Moment rückgängig machen. Und ja, ich habe sogar diverse Male angefangen der Partnerin meiner „Affäre" einen Brief zu schreiben und mich zu „ENT-schuldigen". Aber es ging nicht. Es ging einfach nicht. Das Blatt blieb leer. Denn diese Begegnung hat mich mit meinem Sohn beschenkt und war eine der tiefgreifendsten Wendepunkte meines Lebens. Mag sein, dass sie nicht den moralischen Regeln dieser Welt entsprochen hat. Aber meinem Herzen. Und das ist für mich alles, was zählt.

Die Zeit dazwischen

Vor dem Ankommen in meiner neuen Heimat befand ich mich im Nichts. Auf einer Schifffahrt von der einen zur nächsten Destination. Mein Hab und Gut durfte ich in dem kleinen Kellerabteil meiner alten Wohnung unterbringen. Zwei weitere Fahrräder standen noch in der leeren und geputzten Wohnung, die auf den Tag der Schlüsselübergabe wartete. Bei der Schlüsselübergabe unterstütze mich meine Mutter. Die Schlüssel der neuen Wohnung hatte ich auch noch nicht. Es gab also keine unglückliche Überschneidung, sondern Luft dazwischen. So sehr ich mir diese Luft auch gewünscht hatte, so erdrückend fühlte sie sich an. Plötzlich heimatlos. Kein Dach über dem Kopf und kein Bett zum Schlafen. Auf mich alleine gestellt. So schnell geht das. Ich hatte einen Monat zu überbrücken, bevor ich in die neue Wohnung einzog. Ich hatte liebe Menschen um mich herum, die mir einen Schlafplatz in ihrem Zuhause anboten. Aber das war nicht das, was ich brauchte. Ich brauchte etwas Zeit alleine. Keine Absprachen. Keine Kompromisse. Keine Gespräche. Kein Miteinander. Nur Ich. Ich fuhr in dieser Zeit zwei Wochen an die Côte d'Azur in den Urlaub und auf dem Rückweg auf einer Hochzeit in Italien vorbei, um anschließend in der neuen Stadt in einem AirBnB zu wohnen, da mein neuer Job vor der Wohnungsübergabe startete.

Auf der umgeklappten Rückbank meines treuen Begleiters lag mein Fahrrad, mein Gepäck für die nächsten vier Wochen und ich. Auf dem Beifahrersitz meine Sonnenbrille und der Duft der Freiheit. I needed this. Ich fuhr jeden Tag Fahrrad, am Meer entlang oder ins Hinterland und die Pässe der französischen Riviera hoch. Ich genoss diese Momente so sehr. Auf dem Fahrrad gibt es nur mich. Da bin ich ganz ich selbst. Ich kenne mich. Ich kann mich einschätzen. Es geht bergauf und bergab. Die Aussicht dazwischen war unbezahlbar. Das war meine Zeit. Gleichzeitig hatte ich die Möglichkeit die letzten Wochen und Monate etwas Revue passieren zu lassen. Es wurde mir bewusst, dass ich alleine mit meinem Sohn war. Dass es da niemandem geben würde, keinen Partner, der mit mir durchs Leben gehen würde. Dass ich den nächsten Weg alleine und mit einer Verantwortung, die ich so nicht kannte, gehen durfte. Das machte mir Angst und ich war froh, dass ich diese Gedanken und Gefühle in der warmen Sonne, am blauen Meer und in den französischen Bergen erleben durfte. Das machte es mir etwas einfacher. Ich ließ die Einsamkeit, die sich in mir breit machte, zu. Glücklicherweise war ich in dem Appartement meiner Großeltern und an einem Ort, den ich gut kannte. Das schenkte mir ein Gefühl der Sicherheit. Die Zeit verging viel zu schnell, bevor es zu der Hochzeit meines ältesten Schuldfreundes ging, bei der ich dabei sein wollte. Bereit für das Wochenende voller klirrender Gläser, lauter Musik, gemeinsamer Spaziergänge in der Natur, Mittage am Pool und schöner Gespräche. Doch je näher der Tag kam, desto unwohler fühlte ich mich. Eine Hochzeit. Der Inbegriff von Liebe, Miteinander, Gemeinsamkeit, Verbindung, Familie, Zukunft, Nähe und Treue. Ich lebte das Gegenteil von all dem.

Vor mir tat sich die Einfahrt eines Anwesens im italienischen Hinterland auf. Ruhe, Frieden, Weinberge und die brütende Hitze erschufen das Land. Ich wollte nicht auf das Anwesen fahren, also parkte ich außerhalb. Der Weg in die große Eingangshalle ließ mich klein werden. Während ich da so stand und mich unglaublich verlassen fühlte, trudelten nach und nach die glücklichen Familien, die lächelnden Paare oder die Singles in Feierlaune ein, mit den über die Schulter geworfenen Kleidersäcken. Sorgsam gebügelte Anzüge und schöne Kleider versteckten sich dahinter, bereit für ihren großen Auftritt. Ich zählte mich zu keiner Kategorie. Mich und meine Konstellation gab es nur einmal. Alleinbegleitende Mutter in Schwangerschaft. Überall Vorfreude, Lachen, Frieden und Liebe in der Luft. Während in mir ein Sturm tobte, der Fluchtinstinkt immer lauter wurde, wurde meine Seele immer leiser. Denn ich hörte sie nicht mehr. Ich wollte sie nicht hören.

Ich verließ mich für diese Zeit dort. Ich spaltete mich von mir Selbst ab. Währenddessen sah ich gut aus, lächelte und führte tiefen Smalltalk. Ich tat, was ich am besten konnte: Mich für andere verlieren. Dabei wollte ich eigentlich nur weg und zählte die Minuten. Vier weitere Tage an der französischen Riviera wären für meinen Seelenfrieden besser gewesen. Es war nicht so, dass ich meinen ältesten Schuldfreund und seine Familie nicht sehen wollte. Ganz im Gegenteil. Nur, auf einer Hochzeit? In meiner Situation?

Warum konnte ich nicht einfach ehrlich absagen und erzählen, was los war? Stattdessen: Mein Zimmer war mein Versteck. Meine Radtouren durch das Hinterland waren meine Flucht zu mir. Ich saß an einem Tisch voller Menschen, die sich kannten und die ich nicht kannte. Ich versuchte, Teil dieser Gruppe zu sein, machte Witze und erzählte von meiner Schwangerschaft. Ich hatte auf den Tag genau die 12-Wochen-Grenze geknackt. Was ich noch vor mir hatte verheimlichen können, brach jetzt als geballte Wahrheit über mich herein. Je klarer ich sie sah, desto mehr verlor ich mich in Geschichten. Da ich lange in einer Beziehung gewesen war, gingen alle davon aus, dass mein Sohn von diesem Mann war. Ich ließ das so stehen. Ich hatte keine Kraft für die Wahrheit. Für die Schmach. Für meine Geschichte. Für Augen und Ohren, die sich mir zuwendeten und mehr hören wollten. Außerdem war es das Wochenende meines alten Schulfreundes, nicht meins. Das war die Geschichte, die ich mir erzählte und die Ausrede, die sich für mich plausibel anhörte, mich nicht mit der Wahrheit zu konfrontieren.

Es war glücklicherweise eine Freundin dabei, die meine Geschichte kannte. Das rettete mich. Sie rettete mich. Ich weiß bis heute nicht, ob ihr das bewusst ist. Aber sie war mein Rettungsanker. Ich zählte fast täglich die Minuten, bis ich Sonntagsmorgens abfahren konnte. Ich schlich mich ganz früh morgens von dem Anwesen, bezahlte die sündhaft teure Rechnung, saß alleine am Frühstückstisch vor der Eröffnung des Buffets auf dem riesigen Anwesen und fühlte mich kleiner denn je. Ich wollte einfach nur weg. Ich hasste mich und mein Leben in diesem Moment und fragte mich, wie lange ich noch die eine sein würde. Die, die immer lacht. Wie lange es noch dauern würde, bis ich endlich für mich aufstehe würde. Bis ich aufwachen und die Maske fallen lassen würde.

Bevor ich jedoch darüber weiter nachdenken konnte, tauchte ich in die nächste Rolle ein. Meine Führungsrolle. Es war für den Moment eine willkommene Abwechslung. Außerdem fühlten sich die Übernachtungen in dem AirBnB befreiend an. Meine zwei Koffer, ein Rucksack mit Laptop, ein Buch, das ich las und mein Journal waren leichtes Gepäck. Ich hatte morgens und abends keinen Stress. Ich hatte keinerlei Verpflichtungen und meinen ganzen Fokus konnte ich dem Start des Jobs widmen. Doch während ich die Bälle in der Luft jonglierte, spürte ich zunehmend, wie ich den Boden unter den Füßen verlor. Mir wird kalt, während ich diese Zeilen tippe. So ein Schwebezustand ist schrecklich. Die Sehnsucht nach einem Zuhause zog ein.

Ich brauche nicht viel, aber ich brauche meinen eigenen Raum. Mein Zuhause ist nicht nur meine mir Sicherheit schenkende Basis, es ist auch mein Rückzugsort. Auch, wenn ich nicht dafür geboren bin, für den Rest meines Lebens an einem Ort zu verweilen, brauche ich doch den Heimathafen. Was ich in diesen zwei Wochen Schwebezustand spürte, war, dass ein neuer Lebensabschnitt begann. Dass nichts mehr so bleiben würde, wie es einmal war. Dass ich nicht mehr so bleiben würde, wie ich war. Ich fühlte die Veränderung kommen. Sie war noch nicht da, aber sie wartete um die nächste Ecke. Da zog sich was zusammen. Ich wusste nicht, was auf mich zukommen würde, aber ich wusste, dass ich nicht mehr dieselbe Person sein würde, wenn der Sturm vorbei war. Ich wusste, es war Zeit, Abschied zu nehmen. Von mir. Von einer Version meiner Selbst, die mich lange schützend durchs Leben begleitet hatte, aber die ich loslassen musste. Denn ab jetzt war ich alleine. Ich sprach aus, was ich schon wusste, aber nicht fühlen wollte. Wie lange der Prozess dauern würde, wusste ich nicht. Aber ich war schon mittendrin.

Mit dem Einzug in meine neue Wohnung brach es über mich herein. Bis zu dem Zeitpunkt hatte ich funktioniert. Dann wusste mein Körper, jetzt durfte er loslassen. Ich fühlte mich müde, schwer, ausgelaugt, motivationslos und alleine. Zum Lachen war mir auch nicht zumute. Ich sah ganz viel Dunkel und kein Licht. Mental war ich auf dem Weg zur Endstation, obwohl ich doch den Bahnhof von New Beginnings ansteuern sollte. Ich flüsterte ein leises Goodbye, bevor die Tränen aus mir herausfluteten und ich auf den alten Dielen der neuen Wohnung zusammenbrach, meine Mutter anrief und vermutlich das erste Mal in meinem Leben wirkliche um Hilfe bat. In diesem Moment veränderte sich meine Beziehung zu mir, zu meiner Mutter und ich begann zu heilen.

Anschließend holte ich mir therapeutische Unterstützung, bat Freundinnen um Hilfe und erhielt auch ein paar Monate später ein Beschäftigungsverbot. Ich begann Licht am Ende des Tunnels zu sehen. Ich gab mir das erste Mal selbst die Erlaubnis, für mich zu sorgen. In den nächsten Monaten erschuf ich uns ein Nest, praktizierte regelmäßig Yoga, meditierte täglich eineinhalb Stunden, verabschiedete mich für ein Retreat ins Kloster, machte Spaziergänge und hatte keine Ahnung, was mich erwarten würde, aber freute mich wie ein kleines Kind auf meinen Neuzuwachs und unsere gemeinsame Reise.

Um Hilfe zu fragen ist keine Schwäche. Es war der erste Schritt zur Ausprägung dieses Muskels. Denn der Schlüssel zu innerer Ausgeglichenheit und Zufriedenheit als alleinbegleitende Mama ist Unterstützung.

Die Geburt

Die größte Aufgabe unseres Lebens ist das Erwachsen werden. Das emotionale Loslassen.

„Mother, you had me, but I never had you
I, I wanted you, you didn't want me
So, I just got to tell you
Goodbye, Goodbye
Father, you left me, but I never left you
I needed you, you didn't need me
So, I just got to tell you
Goodbye, Goodbye

J.Lennon, Mother

John Lennon war 30 Jahre alt, als er „Mother" veröffentlichte. Ein Lied, in dem er nach seinen Eltern ruft und sich gleichzeitig von ihnen verabschiedet. Natürlich übertreibt John Lennon ein bisschen, da er davon ausgeht, dass 99% der Mütter ihre Kinder nicht wollen und alle Väter ihre Kinder verlassen. Andererseits lernen wir von Extremen und er untertreibt auch, denn es ist die Aufgabe aller Kinder, ihre Eltern loszulassen."[7]

So erging es mir. Während ich nach meiner Mutter rief, wusste ich noch nicht, dass es Zeit war, mich von ihr emotional zu verabschieden. Ich wusste zwar, dass zum tatsächlichen Erwachsensein auch eine vollständige emotionale Ablösung gehört, aber ich war der festen Überzeugung, in absoluter emotionaler Freiheit und Unabhängigkeit zu leben. Pustekuchen. Ich war zwar schon viele Jahre zuvor aus dem Elternhaus ausgezogen, hatte in Wohngemeinschaften, im Ausland und alleine gelebt, war auf Reisen gewesen, hatte studiert, hatte ausgezeichnete Jobs gehabt und war finanziell völlig unabhängig von meinen Eltern gewesen. Dennoch war ich – ohne es zu wissen – immer noch das kleine Kind, das nach Schutz, Aufmerksamkeit, Zuneigung und Anerkennung suchte.

Es fing alles mit meiner Schwangerschaft an. Heute weiß ich, dass meine Mutter nach meinem Anruf weinend am Telefon saß, vor Glück und Freude, möglicherweise Oma zu werden. Damals bat ich sie allerdings, kein einziges Wort dazu zu sagen, bis ich zu meiner Entscheidung gefunden hatte. Wie sie das durchhielt, weiß ich nicht, aber sie tat es. Das Einzige, was sie mir mitteilte war: *„Ganz egal, wie du dich entscheiden wirst, ich werde dich in deiner Entscheidung unterstützen.“* Der Satz hallt noch heute in meinen Ohren nach und ich bin ihr dafür zutiefst dankbar. Sie begleitete mich durch meine Schwangerschaft, nahm an den großen und kleinen Wundern teil, die ich währenddessen erlebte. Der wachsende Bauch, die ersten Kicks und Drehungen, meine Ultraschalluntersuchungen und eben die Magie einer Schwangerschaft, die eine Mutter erleben darf. Ich kann nicht beschreiben, wie schön es war, all diese Dinge mit ihr teilen zu können. Sie beantwortete mir meine Fragen zu meiner Geburt, ihren Erfahrungen, Erlebnissen und Gefühlen in der Schwangerschaft und meinen ersten Jahren auf der Welt. Ich erfuhr Dinge, die ich nicht gewusst hatte und öffnete mein Herz für diese Erinnerungen.

Während dieser Zeit wurde mir immer klarer, dass ich mir wünschte, dass meine Mutter bei der Geburt dabei sein sollte. Ich hatte zwar unfassbar tolle Freundinnen, die mir auch ihre Unterstützung anboten, für den Fall der Fälle auch vorbereitet blieben, aber irgendwie wollte ich meine Mutter dabeihaben. Sie gab mir Kraft und schenkte mir Vertrauen. Da das auch für sie eine neue und einzigartige Erfahrung war, versuchte sie sich darauf bestmöglich vorzubereiten, indem sie beispielsweise einen Abend an meinem Online-Geburtsvorbereitungskurs teilnahm und für die Zeit vor und nach der Geburt ihren ganzen Jahresurlaub, sowie ihre Überstunden nahm, sodass sie sechs Wochen am Stück frei hatte. Wir

sind noch während meiner Schwangerschaft sogar das erste Mal
„zu zweit" ohne erweiterte Familie oder Freunde, in den Urlaub gefahren. Wir waren gemeinsam und doch jeder für sich. Ich habe
mir manchmal die Frage gestellt: *„Wäre das passiert, wenn ich nicht
alleinbegleitend gewesen wäre?"* Diese Frage hat mir das erste Mal
die Augen geöffnet für die Geschenke, die ich erhalten habe, mit
meinem „Status" als alleinbegleitende Mama.

Für die Geburt hatte ich ein paar Krankenhäuser in die engere
Auswahl einbezogen, allerdings hatte ich mir keines angeschaut.
Weil ich wusste, wenn ich eines finde, das mir gefällt und das nicht
klappt, bin ich enttäuscht. Für meine Mutter als Begleitung war
das allerdings nicht tragfähig. Sie kannte die Stadt und die Wege
nicht und wollte sich in einer solchen Situation nicht auf Google
Maps verlassen. Dementsprechend forderte sie eine Woche vor
dem Entbindungstermin ein, die Wege meiner drei Favoriten ab-
zufahren.

Mein erster Favorit war eine halbe Stunde entfernt und ich hatte
keine Ahnung, wie die anthroposophische Klink auf Platz eins
gelangt war, aber so war es. In dem Moment, in dem wir dort an-
kamen und auf dem Wendeplatz nach einem Parkplatz Ausschau
hielten, spürte ich, das ist die Klinik, in die ich will. Hier darf und
soll mein Sohn zur Welt kommen. An einem Ort, in dem ich zuvor
noch nicht gewesen war. Eine Klinik, die eine Ruhe ausstrahlte,
die mir Kraft gab und auf einem Berg, der mir die Luft zum Atmen
schenkte, die ich brauchte. 24 Stunden später machte er sich auf
den Weg und erblickte innerhalb kürzester Zeit das Licht der Welt.
Er wusste nun, Mama ist bereit, Oma ist bereit. Die Hebammen
wollten mich erst wieder nach Hause schicken, weil mein Gesicht
nicht schmerzverzogen genug war. Ich sagte ihnen deutlich, dass
ich eine hohe Schmerztoleranz habe und glaube, dass es bald los
gehe. Ich wurde dennoch im Geburtsvorbereitungsraum geparkt,
bis meine Mutter sich aus dem Zimmer schlich und sich an die
Hebammen wandte. In dem Moment war den Hebammen schnell
klar: Es geht los. Also ab in den Geburtssaal. In dieser ganzen Zeit

war meine Mutter einfach nur da. Nicht mehr und nicht weniger. Während meine mich betreuende Hebamme die Führung übernahm und ich nur auf die Hebamme reagierte, unterstütze meine Mutter mich einfach nur mit ihrer Präsenz. Sie erwartete nichts, sie forderte nichts, sie stellte keine Fragen, gab keine Antworten. Sie war einfach nur da. Für mich. Für uns. Beim Start in mein neues Leben.

Ich erinnere mich noch gut daran, als mein Sohn auf die Welt kam. Ich saß kniend auf dem Bett, hielt mich irgendwo fest und suchte nach der Kraft für meine hoffentlich letzte Presswehe. Mein Körper explodierte und ich hatte das Gefühl, ich klappe gleich vor Kraftlosigkeit zusammen. Dann war es plötzlich da: Dieses Schreien. Dieser Ruf des Lebens. Ich war so geflasht, als mein kleiner Sohn behutsam auf der weichen Unterlage landete, in seiner vollen Größe, quietschlebendig und mir zeigte: *„Ich bin jetzt da."* Bei dir.

Obwohl sich meine Plazenta nicht lösen wollte, ich Unmengen an Blut verloren hatte und es nicht sicher war, was als nächstes passieren würde, war mein Wunsch, die Nabelschnur selbst zu durchtrennen, mein erstes Symbol seiner Freiheit. Ich hielt dieses Wunder auf meinen Armen und habe das erste Mal in meinem Leben die tiefste Liebe empfunden, die es gibt. Die Liebe einer Mutter zu ihrem Kind. Jede Mutter weiß, was für eine überwältigende Zeit das ist. Die Emotionen und Hormone fahren Achterbahn. Beseelt und dankbar vor Glück und gleichzeitig wie selbst neugeboren mit vielen Unsicherheiten und Ängsten im Gepäck. Mutter zu werden ist ein Prozess. Das geht nicht von heute auf morgen. Mit der Geburt meines Sohnes wurde ich von der Tochter zur Mutter. Die Rollen veränderten sich. Ich wurde erwachsen. Es war Zeit, emotional auf eigenen Beinen zu stehen und mit einem großen Schritt in Richtung Eigenverantwortung zu gehen. Ich kam ein zweites Mal zu Welt. Ich fühlte mich genauso neu und wackelig auf meinen Beinen und musste das Laufen neu lernen.

Ich durfte mich nicht nur von den elterlichen Erwartungen und Aufträgen lösen, sondern auch meine eigenen Erwartungen an meine Eltern überprüfen. Ich wusste, dass das kein einzelner Schritt war, sondern eher ein lebenslanger Prozess und dass Wachstumsschmerzen dazugehören. Mir war allerdings nicht bewusst, wie viel Heilung mein inneres Kind erleben durfte und wie wichtiger dieser Prozess in meinem Leben war, um mich emotional zu lösen.

Während des Wochenbetts war ich einfach nur dankbar. Ich musste mich um nichts kümmern, wurde sehr nährend versorgt und wusste mich bestens unterstützt. Meine Launen wurden angenommen. Ich durfte einfach nur sein. Erhielt Fürsorge und Hingabe. Es war für uns alle eine neue Situation. Ich nahm die Beziehung zu meiner Mutter das erste Mal so bewusst wahr und verstand, was es bedeutet, Mutter zu sein. Das ist keine One-Time-Only-Geschichte. Sie hört auch nicht mit 18 oder 21 Jahren plötzlich auf. Das ist für immer. Ich wurde an dem Tag der Geburt meines Sohnes drei Mal beschenkt. Mein Sohn kam auf die Welt. Ich wurde neu geboren und habe verstanden, was es bedeutet eine Mutter zu sein.

Phase 2

Der Wandel als Chance
und das Hineinwachsen
in ein neues Leben.

Alleine oder gemeinsam?

Es brauchte ein paar Wochen, bis die Erschöpfung der Geburt nachließ und neue Kräfte in mir geboren wurden. Mein Sicherheitsgefühl kehrte zurück. Ich spürte relativ schnell, dass ich mich bewegen musste. Dass ich Natur und auch mal eine Auszeit brauchte. Um die Verantwortung für einen Moment loszulassen. Abzugeben. Auch ich musste mich in der neuen Situation zurechtfinden. Gleichzeitig war das der Moment, in dem ich begann, gereizt und genervt auf meine Mutter zu reagieren. Ich wollte Unabhängigkeit, fühlte mich aber maximal abhängig. Ich war genervt davon, dass ich das Gefühl hatte, sie zu brauchen, obwohl ich das doch alles alleine schaffen wollte. Schließlich war ich die alleinbegleitende Mutter. War das nicht meine Aufgabe – die Dinge alleine zu schaffen? Mir fiel es schwer, die Hilfe und Unterstützung anzunehmen. Auch, wenn, ganz rational betrachtet, diese Momente meine Lichtblicke waren, in denen ich Zeit für mich hatte.

Ich erinnere mich noch an unsere erste gemeinsame Reise zu dritt. Wir flogen nach Südafrika, um dort zwei Monate lang zu reisen. Ich hatte uns eine Hauptunterkunft für den kompletten Zeitraum gemietet. Die Gastmutter sagte damals, wie unersetzlich es ist, eine Oma für seine Kinder zu haben. Das sei ein Auftrag, den eine Mutter niemals leisten können werde. Ich habe den Sinn ihrer Worte nicht ganz verstanden. Denn ich habe mich zu Beginn der Reise eher dafür geschämt, mit unserer Oma auf Reisen sein zu müssen, weil ich auch dort stattdessen lieber die starke alleinbegleitende Mama gewesen wäre, die keine Unterstützung braucht. Ich habe mich wie eine Versagerin gefühlt. Ich war mit ihr im Widerstand. Ich konnte plötzlich nicht mehr dankbar oder wertschätzend sein. Ich fühlte mich gefangen, hilflos und ohnmächtig. Ich fühlte mich wie das kleine Kind, das von seiner Mutter abhängig war. Das kleine Kind, dass es ohne seine Mutter nicht schaffen würde. Dabei gab es doch nur eine Sache, die ich wollte: Alles alleine schaffen. Ich hatte nämlich einen Glaubenssatz: *„Ich schaffe das."* Er war Fluch und Segen zugleich. Auf der einen Seite trieb er mich an, weiterzumachen. Auf der anderen Seite war ich dadurch nicht bereit, Unterstützung anzunehmen und stand „alleine" da. *„Du musst das alleine schaffen und wenn du das nicht schaffst, dann hast du versagt, bist du nichts wert".* Ich habe mich abgemüht, alles alleine zu schaffen – was nicht möglich ist, wenn man nicht völlig erschöpft und kraftlos werden möchte. Der Punkt, Hilfe anzunehmen war für mich wie ein Todesurteil. Der Witz an der Sache war, dass ich diese Hilfe ja schon beansprucht hatte, aber mich dafür schämte. Anstatt sie anzunehmen und es mir leicht zu machen war ich im Widerstand.

Es gab keinen bestimmten Punkt oder Auslöser, an dem ich dachte, dass ich etwas ändern müsste. Es der unerbittliche Kampf zwischen der Perfektion, dem Wunsch, alles alleine zu schaffen und der Tatsache, dass ich das nicht alles alleine schaffen musste. Ich begann, das Wissen zum Thema emotionale Abhängigkeit in Gefühle zu übersetzen. Im Englischen sagt man dazu *„Sit with it".* Das ist es, was ich gemacht habe: Mein inneres Kind weiter und weiter geheilt. Die Erkenntnisse habe ich in Begleitung gemacht. Das Durchleben und daran Wachsen für mich alleine. Denn den Prozess kann mir keiner abnehmen. Mein Schritt in die Selbstverantwortung, für meine Bedürfnisse und für meine Wünsche. Der Widerstand und der Kampf wurden weniger. Ich hörte auf, meine Mutter und andere verändern zu wollen. Ich konnte loslassen. Mit jedem Tag ein bisschen mehr. Ein bisschen mehr Freiheit und Leichtigkeit.

Nach der Geburt und den ersten zwei Wochen zu Hause haben wir die ersten Gehversuche in der Welt gestartet. Abgesehen davon, dass es auch meine ersten Gehversuche waren, empfand ich alles als sehr laut und hektisch. Jedes Auto wurde zu einem tobenden Lärm. Die Stimmen anderer Menschen im Vorbeigehen empfand ich als störend und das Piepsen an der Kasse im Supermarkt hat

mich in den Wahnsinn getrieben. Alles war so neu. Meine Sinnes-
organe erreichten eine neue Stufe der Empfindlichkeit.

Die Übergaben begannen mit kleinen Spaziergängen um den Block.
Ich war allerdings immer maximal fünf Gehminuten und zwei
Rennminuten von zu Hause entfernt. Sodas ich jederzeit wieder
zurück zu meinem Sohn konnte. In dieser Zeit gab es genau einen
Menschen, dem ich meinen Sohn völlig anvertraute und das war
meine Mutter. Er kannte ihren Geruch, ihre Stimme und war ihre
Nähe gewohnt. Ich wusste, dass er sich sicher und geborgen fühlen
würde. Die Spaziergänge dehnten sich aus und auch meine Mutter
gewann an Vertrauen, Zeit mit meinem Sohn alleine zu verbringen.
Also planten wir meine erste Runde mit dem Fahrrad. 20 Minuten, 30 Minuten, 50 Minuten und so weiter. Immer zwischen den
Stillphasen. Das Spannende war, dass ich auf meinem Fahrrad
spürte, wann ich einen Milcheinschuss hatte. Die nächste Runde
Füttern stand an. Manchmal ist mir unsere Oma schon entgegen-
gelaufen und ich saß in kompletter Fahrradmontur auf dem Bord-
stein und habe meinen Sohn genährt. Alles in meinem Leben
wurde um ihn herum geplant. Ich achtete auf mich, aber nicht auf
Kosten seines Wohles. Allerdings waren die Zeiten für mich sehr
rar. Denn meine Mutter wohnte nicht um die Ecke und kam „nur"
einmal die Woche zu Besuch. Somit erforderte das immer viel
Planung. Es gab aber auch Situationen, in denen ich nach dieser
Woche so kraftlos und gereizt war, dass ich ihr mit Eintritt in
unsere Wohnung meinen Sohn überreichte. Ich war schon in Sport-
kleidung, schnappte mir meine Radschuhe und war weg. Bis zur
nächsten Mahlzeit. Überfordert und weinend saß ich auf meinem
Rad und versuchte mit jedem Tritt meine Schuldgefühle loszulassen. Mir gegenüber, dass ich es nicht alleine schaffte und meinem
Sohn gegenüber, dass ich ihn „abgeben" musste, damit ich wieder
einen klaren Kopf bekam.

Diese knallharten Übergaben taten mir nicht gut und ich glaube,
ihm auch nicht. Ich suchte nach Möglichkeiten, mir kleine Frei-
räume zu erschaffen, zusammen mit meinem Sohn. Ich begann

abends zu Hause zu tanzen und mit meinem Sohn gemeinsam joggen zu gehen. Es brauchte nicht viel. Manchmal reichten zwanzig Minuten. Aber genau diese Zeit war so viel wert. So wurden die knallharten Übergaben immer weniger. Wir hatten erst gemeinsame Zeit, sodass auch mein Sohn jedes Mal wieder die Möglichkeit hatte, sich an seine Oma und ihre Nähe zu gewöhnen. Das mache ich bis heute so.

Meine Wut, die ich auf meine Mutter projizierte, weil ich nicht auf sie angewiesen sein wollte und mich zugleich wieder wie ein kleines Kind fühlte, das ohne seine Mutter im Leben nicht zurecht kommt, wichen der Dankbarkeit. Denn, ja, ich schaffte es alleine. Die Frage war nur, welchen Preis zahlte ich dafür. Je mehr ich über meine vermeintliche Schwäche sprach und „zugab", dass ich Hilfe brauchte, desto weniger brauchte ich sie. Es ist absurd, was unser Ego uns für einen Streich spielen kann. Mit dieser Erkenntnis und dem damit einhergehenden Gefühl wurde mein Leben mit jedem Tag leichter und freier. Aus den Radtouren, wurden die ersten Kaffees mit mir selbst, ganze Arbeitstage, Treffen mit Freunden, die Einschlafbegleitung durch die Oma und schlussendlich auch einfach die Möglichkeit ein paar Tage wegzufahren. Es gab Zeiten, da brauchte ich zweimal die Woche Unterstützung, dann wieder zwei Wochen lang gar keine.

Inzwischen weiß mein Sohn, wenn die Oma kommt, ist die Mama irgendwann weg. Er sagt schon Tschüss, bevor ich überhaupt gehe, und weiß, dass ich immer wieder komme und er sicher ist. Das ist so schön zu sehen. Ich erzähle ihm auch schon immer einen Tag davor, wenn seine Oma kommt. Ich mag es nicht, vor vollendete Tatsachen gestellt zu werden, daher wünsche ich mir das für ihn auch nicht. Als ich das erste Mal für ein paar Tage weggefahren bin, habe ich ihm ihn eine Woche lang darauf vorbereitet. In den Tagen unterwegs hatte ich einmal das Bedürfnis nach einem Video-Call. Das würde ich nicht noch einmal machen. Denn mein Bedürfnis war damit zwar befriedigt, aber für ihn war es schlimm, die Mama zu sehen, aber nicht greifbar in seiner Nähe zu haben.

Neben der liebevollen Unterstützung meiner Mutter und meiner
Familie, bekam mein Sohn mit ca. 15 Monaten einen Platz bei einer
Tagesmutter. Es waren zwei Betreuungspersonen und acht Kinder.
Das war perfekt. Die Eingewöhnungszeit verlief reibungslos und
ich glaube, dass er schon wusste, dass seine Mama immer wieder
kommt. Wichtig war mir hier, dass auch ich ein gutes Gefühl bei
den Betreuerinnen hatte. Und das war der Fall. Denn ich habe mich
in den ersten 15 Monaten auch nach Alternativen umgesehen,
sodass ich eventuell auch mal freie Zeit gehabt hätte, wenn unsere
Oma nicht da gewesen wäre. Ich habe diverse Angebote der Stadt
durchforstet. Es gab ein Angebot der Stadt, das alleinbegleitende
oder sozial schwache Familien durch ehrenamtliche Helfer, unterstütze. Die Kinder wurden für 1-2 Stunden pro Woche betreut,
sodass man mal duschen konnte oder was auch immer notwendig
war. Ich versuchte das. Dreimal. Aber es ging nicht. Ich fühlte
mich nicht wohl dabei. Nicht mit der Person, die wir zugewiesen
bekamen. Es passte einfach nicht. Mit viel Mut fragte ich nach
einer anderen Betreuungsperson, wurde aber abgewiesen mit dem
dezenten Vorwurf, dass ich dankbar sein könnte, dass ich überhaupt
kostenfreie Unterstützung erhielt. Zu Beginn war ich hin- und
hergerissen zwischen der Dankbarkeit, die ich doch spüren sollte
und auch meinem Wunsch nach „Freizeit" sowie meinem Gefühl,
dass das gar nicht passte. Wirklich gar nicht. Als diese Frau meinen
Sohn in den Armen hielt, hat sich mein Magen umgedreht. Ich habe
diese Frau nicht eine einzige Sekunde unbeobachtet oder allein mit
meinem Sohn gelassen. Heute würde ich nie wieder drei Anläufe
brauchen, sondern schon beim ersten Mal meiner Intuition folgen.
Was nicht passt, muss auch nicht passend gemacht werden.

Es gibt, neben der regelmäßigen Betreuung bei der Tagesmutter,
über die ich zutiefst dankbar bin, „nur" unsere Oma oder auch mal
unseren Opa. Aktuell gibt es für mich sonst keine Person, bei der
ich meinen Sohn alleine lassen würde. Das erfordert sehr viel
Organisation und Aufwand, denn auch unsere Oma ist noch be-
rufstätig. Ich kann mich gar nicht genug bei meiner Mutter be-
danken. Ich weiß nicht, ob sie weiß, was sie für eine Bedeutung in

meinem, in unserem Leben, eingenommen hat und wie wichtig sie ist. Neben der ganzen Care-Arbeit, die sie mit leistet, hat dieser Prozess einen großen Teil zu meiner emotionalen Freiheit und meinem innerlichen Wachstum beigetragen. Ich hatte immer sehr dysfunktionale Bindungsmuster und wenn es mir zu eng wurde, musste ich mit ganz viel Anlauf weit weglaufen. Die Königsdisziplin ist allerdings, Nähe zuzulassen und trotzdem autonom zu sein. Es hat oft gekracht und in vielen Momenten wollte ich, dass sie wieder geht. Nur über die Zuwendung zu meinem inneren Kind und dem Betrachten meiner dabei auftauchenden dysfunktionalen Bindungsmuster, konnte ich die Heilung beginnen. Unser Außen ist immer ein Spiegel unserer Innenwelt. Ich habe mir damals einen Coach gesucht, der mich genau zu diesem Mutter-Kind Thema begleitet hat. Der mit mir in die Tiefen meiner Seele geschaut hat und mit dem ich Stück für Stück diese dysfunktionalen Bindungsmuster aufarbeiten konnte. Das Hinschauen und Aufdecken der mich leitenden Muster und Glaubenssätze und auch die Organisation und Planung waren und sind es mir wert und ich fühle mich unglaublich gut damit. Jeder Tag bietet eine Möglichkeit, dass ich mich besser kennenlernen darf und ich nutze sie. Das macht den Umgang und die Übergaben so schön. Ich freue mich meistens selbst so sehr, dass ich am liebsten auch immer Zeit mit den beiden verbringen möchte.

Zwei Sachen habe ich gelernt: Erstens, ich muss es nicht alleine schaffen. Ganz im Gegenteil, mich hat es eher stark gemacht, anzuerkennen, dass ich auch nur begrenzte Kapazitäten habe. Zweitens, dass ich nicht alles annehmen muss, was mir angeboten wird, nur weil ich „alleinbegleitend" bin. Es gibt für alles, aber auch wirklich für alles, eine Lösung.

Das ist meine Entscheidung

Eine gute Frage. die ich mir nie gestellt hatte. Sie poppte – wie alles andere – in dem Moment auf, in dem sie dran war. Mit meiner Geburt und damit dem Eintritt in meinen neuen Lebensabschnitt, der an Unsicherheit und zugleich Sicherheit, nicht zu überbieten war, begannen auch die Fragen in meinem Kopf immer präsenter zu werden: Was bedeutet Familie? Wer ist meine Familie und sind wir vollständig? Wie will ich Familie leben?

Das statistische Bundesamt gibt folgende Antwort: *„Die Familie umfasst im Mikrozensus alle Eltern-Kind-Gemeinschaften, das heißt Ehepaare, nichteheliche (gemischtgeschlechtliche) und gleichgeschlechtliche Lebensgemeinschaften sowie Alleinerziehende mit Kindern im Haushalt. [...] Kinder, die noch gemeinsam mit den Eltern in einem Haushalt leben, dort aber bereits eigene Kinder versorgen sowie Kinder, die mit einem Partner in einer Lebensgemeinschaft leben, werden im Mikrozensus nicht der Herkunftsfamilie zugerechnet, sondern zählen statistisch als eigene Familie beziehungsweise Lebensform."*[4] Demnach bin ich als alleinbegleitende Mutter mit meinem Sohn eine Familie. Meine Mutter, würde sie mit uns unter einem Dach leben, wäre nicht mehr Teil unserer Familie im Sinne des Mikrozensus. *„Das Bürgerliche Gesetzbuch (BGB) hingegen enthält hingegen keine Begriffsbestimmung der Familie. Es regelt in seinem 4. Buch (Familienrecht) nicht die Familie als Gemeinschaft, sondern Rechte und Pflichten und damit die Rechtsbeziehungen der einzelnen durch Ehe und Verwandtschaft verbundenen Personen [...]."*[5]

Nach einer sozialwissenschaftlichen Definition zeichnet sich Familie durch die Übernahme einer sozialen Elternschaft aus. Dies bedeutet: *„Nicht die Geburt eines Kindes, mit dem eine biologische Verwandtschaft besteht, sondern die Ausübung der sozialen Vater- oder*

Mutterschaft, das heißt die Übernahme der alltäglichen Care-Aufgaben und Verantwortung für das Kind bzw. die Kinder, generiert eine Familie". [...]. Zwar fand für die deutsche Gesellschaft eine starke Veränderung mit dem Einsetzen der Industrialisierung im 19. Jahrhundert statt und die moderne Kleinfamilie wurde zum Idealtypus des familiären Zusammenlebens."[6] Dennoch ist im Ergebnis die Familie kein starres Konstrukt mehr und der Familienbegriff im Wandel. *„Die Kernfamilie, bestehend aus dem Elternpaar sowie dem Kind/den Kindern, kann zwar weiterhin als dominantes Muster des familiären Zusammenlebens bezeichnet werden, jedoch werden in den letzten Jahren immer verschiedene Konstrukte erkennbar."*[6] Wenn wir zudem über den Tellerrand hinausschauen, territoriales Gebiet verlassen oder einen Blick in die sozialen Medien werfen, verschwimmt auch dort der traditionelle Familienbegriff. Es finden sich immer mehr Momunities, also Müttergemeinschaften, oder andere Kommunen. Es sind Gemeinschaften, die die gleichen Interessen haben und durch ein modernes Zusammenleben bestimmt sind, sich das Leben einfacher machen möchten. Das können beispielsweise Mehrgenerationshäuser sein, aber auch ein soziales Netzwerk aus vertrauten und selbst gewählten Menschen.

Während ich viel darüber gelesen habe, habe ich festgestellt, dass mich dieses klassische Bild der dreiköpfigen Familie, Eltern vor der großen weißen Tür des Einfamilienhauses stehend, die Tulpen im Vorgarten blühend, das Kind zwischen den Eltern, mit je einer Hand auf der Schulter, so geprägt hat, dass ich mich wie eine Versagerin fühlte. Denn weder war da die große weiße Tür, der hübsche Vorgarten, noch ein Partner. Ich gehörte nicht zum dominierenden Muster. Ich war anders, ohne anders sein zu wollen. Vor allem entsprach ich nicht dem Ideal in meinem Kopf. Während Fragen und Antworten durch meinen Kopf jagten, ist mir aufgefallen, dass wir eine sehr besondere Generation sind. In unserer frühen Kindheit sind wir auf Bäume geklettert, in Großfamilien groß geworden, haben Kassetten gehört, die ersten drei Programme gehabt und gegessen, was auf den Tisch kam. In den 30 Jahren hat sich unsere Welt allerdings so schnell verändert. Von der Großfamilie zur Kleinfamilie. Von der Kassette zu Spotify. Von Bäumen zu iPads. Von Schwarz-weiß zu Netflix. Im Unternehmenskontext findet man dafür viele Begriffe: Globalisierung, New Leadership, New Work und vieles mehr. Doch wo bleiben die Begriffe für die neuen Strukturen im Familienwesen, ohne sich dabei als Außenseiter zu fühlen? Diese Generation ist für mich eine, die mit sehr traditionellen Rollen und Werten groß geworden ist. Gleichzeitig sind wir auch die, die im Erwachsenenleben mit anderen Lebens- und Arbeitsweisen, Werten und vor allem Möglichkeiten konfrontiert werden, ohne jemals den Umgang damit gelernt zu haben. Ich fühlte, dass hier etwas nicht passte. Denn auf der einen Seite freute ich mich über die Freiheit und Lebendigkeit, die ich als alleinbegleitende Mama haben konnte. Auf der anderen Seite zeigte mir niemand, wie das gehen konnte. Denn es war eben neu. Ich wusste, ich war eine Brückenbauerin und eine Cycle-Breakerin. Ohne Vorbilder.

Ich erinnere mich noch gut an die erste Zeit, in der ich mich als frisch gebackene und alleinbegleitende Mama, in meiner neuen Stadt, nicht getraut habe, zu sagen, dass ich alleinbegleitend bin, speziell beim Kennenlernen von anderen Müttern und neuen Bekanntschaften. Für mich war sowieso alles neu und ich wollte dazugehören. Ich habe mich nicht getraut, die Wahrheit zu sprechen, da ich nicht verurteilt werden wollte. Im Ergebnis habe ich mir nicht vertraut und mich selbst dafür verurteilt. Denn das „Schöner-Vorgarten-Auto-Haus-Familie"-Bild war das Einzige, das ich respektierte. Ich habe mich geschämt, dass ich zu den Treffen von alleinbegleitenden Müttern ging. Ich wollte so nicht sein. Ich wollte nicht diese Familie sein, bei der ein Platz im Bilderbuch leer ist, der dritte Kopf aus einem Fragezeichen besteht.

Alles was ich bis dato über alleinbegleitende Mamas gehört, gelesen oder gesehen hatte, hatte mit Armut, Leben am Limit, völliger Überforderung und Existenzängsten zu tun. Auf keinen Fall wollte ich mich in diese Gruppe einreihen lassen. Ich wollte keine Menschen in dieser Situation kennenlernen und mich nicht mit Literatur für Alleinbegleitende beschäftigen. Ich habe mich dagegen gewehrt. Ich war im völligen Widerstand. Für mich gab es nur Schwarz oder Weiß. Ich war eine Familie, aber fühlte mich unvollständig. Es gab nur die arme alleinbegleitende Mutter oder die glückliche Vorgarten-Familie. Meine Schutzstrategie war also – wie auf der Hochzeit in Italien – , unehrlich zu sein und über meinen familiären „Status" einfach zu schweigen. Ich habe einen Teil meiner selbst verleugnet um Teil einer Gesellschaft zu sein, von der ich kein Teil war. Ich habe mich versteckt, hauptsächlich vor mir selbst. Denn meine Vorstellung, davon, wie ich oder diese Situation zu sein hatte, hat nicht zu meiner Realität gepasst. Ich habe mich sogar mit unserer Hundewelpin stärker gefühlt, denn mit ihr waren wir drei. Die magische Zahl der traditionellen Kleinfamilie.

Ich fühlte mich nirgends dazugehörig, obwohl ich in meinen eigenen vier Wänden so glücklich, dankbar und erfüllt war. Ich hatte einen kleinen Sohn geboren, der kerngesund war und die süßesten Geräusche machte. Bis ich erkannte, es war für mich nicht meine Familienkonstellation selbst, die mich anders fühlen ließ, sondern die Bedeutung, die ich ihr gab. Das zu erkennen, anzunehmen und zu transformieren war wild. Glücklicherweise fiel ungefähr zeitgleich das Wort alleinbegleitend vom Himmel. Es verhalf mir zu mehr Stärke und Kraft. Es war der erste Schritt aus dem Schatten herauszutreten. Zwar immer noch auf der Hut, mich versteckend und in geduckter Haltung. Aber jeder Weg beginnt mit einem ersten Schritt. Mit jedem Tag wuchs ich in meine neue Rolle rein. Manchmal zwei Schritte vor und drei zurück, nur um dann wieder mit Anlauf nach vorne zu laufen. Stolz stieg in meiner Brust empor. Das zu Beginn erhaltene Mitleid und Mitgefühl schwenkte in Neid und Missgunst um. Sätze wie *„Naja, unsere Oma wohnt eben weiter weg und kann uns nicht unterstützen"*, *„Wir müssen uns zu Hause abstimmen, ich kann nicht alles alleine entscheiden"* oder *„Ich muss im Büro anwesend sein und kann mir meine Arbeitszeit nicht frei einteilen!"* habe ich oft gehört. Es wollte niemand sehen, dass ich gesellschaftlich vermeintlich schlechter gestellt war, ich aber zugleich glücklicher und erfüllter war.

Ich begann mein Leben wieder in die Hand zu nehmen und aus der Krise eine Chance zu kreieren. Babyschritt für Babyschritt und in meinem ganz eigenen Tempo. Viele Türen verschlossen sich vor meiner Nase, damit sich andere öffnen konnten. Was ist also Familie? Es ist egal, ob wir zwei, drei, fünf oder achtzehn Köpfe sind. Ob wir Mensch oder Tier, weiß oder lila-blassblau, hetero oder homo, blutsverwandt oder einfach bekannt sind. Es ist egal, ob wir Suaheli oder Deutsch sprechen. Es ist egal, ob wir jung oder alt sind. Das Einzige, was mir nicht egal ist, ist, was ich fühle, wenn meine Familie bei mir ist.

Alleinbegleitende Mütter mit ihren Kindern sind Familie. Das soll nicht nur in einem Gesetzbuch definiert werden, damit man die gesellschaftlichen Randgruppen auch irgendwie abgebildet hat, sondern wir sollen eine genauso geschätzte und geschützte Gruppe sein, wie jeder Mensch auch. Alleinbegleitende Mütter sind so unfassbar starke Frauen, deren Superpower mit diesem „Status" geboren wurde. Familie ist so viel mehr, als was ich gelernt hatte. Alleinbegleitend ist so viel mehr, als das, was uns die Politik, die Gesellschaft oder einfach eine Person vorschreibt, die eine andere Meinung hat. Ich habe heute erkannt, welcher Luxus auch in der Rolle der alleinbegleitenden Mutter steckt und welche Qualitäten ich stärken durfte in den letzten Jahren. Ich habe verstanden, dass ich es nie allen recht machen kann. Ich habe verstanden, dass es immer jemanden geben wird, der harsche Kritik äußert oder schief schaut, während andere in die Hände klatschen und applaudieren. Ich habe verstanden, dass ich zwar aus der Kategorisierung herausfalle und nicht ins System passe, aber dass ich meine Familie so leben und erfahren darf, wie ich das möchte. Denn es ist mein Leben.

9. DER VATER AUF DEM PAPIER

Vaterschaftsanerkennung – ja oder nein?

Während ich in der Zeit der Schwangerschaft, der Geburt und vor allem danach so viel Lebendigkeit gespürt habe, lässt mich die Nüchternheit des Satzes „Der Vater auf dem Papier" zusammenzucken. Denn was sich sehr nüchtern anhört, war für mich ein Auf und Ab der Gefühle. Ich hatte mir nach der Trennung bis zur Geburt keine Gedanken darüber gemacht, wie ich das haben wollte. Ja, ich wurde einige Male von Freundinnen gefragt, aber ich hatte nie eine klare Antwort. Ich war viel zu sehr im Glück meiner Schwangerschaft. Auf der einen Seite wusste ich, dass ich alleinbegleitende Mama werden würde. Auf der anderen Seite war ich mir durchaus bewusst, dass zum natürlichen Akt der Zeugung zwei Menschen gehören. Ich wollte das Thema einfach nicht näher an mich ranlassen. Das änderte sich mit der Geburt.

Ich habe ein paar Tage gebraucht, um meine Gefühle und Gedanken zu sortieren, doch dann schickte ich dem leiblichen Vater ein Bild mit einem kurzen Willkommenstext per WhatsApp. Ich hätte niemals gedacht, dass dieser Austausch so bedeutend wird. Es kam eine sehr sachliche Antwort zurück. Ein Stich in mein Herz. Sie zeigte mir vor allem, dass ich noch nicht da war, wo ich sein wollte. Wie auch? Verdrängung hat noch niemandem geholfen. Das ist ungefähr so, wie, wenn man einen Luftballon unter Wasser drücken will: Es kostet so viel Kraft und jedes Mal, wenn man ihn loslässt, poppt er wieder auf und sagt, da bin ich. Widerstand ist also zwecklos. Auflösen steht an. Nach dem Wochenbett wusste ich relativ schnell, dass ich wollte, dass mein Sohn weiß, wer sein leiblicher Vater ist und ich ihn nicht, um einen Teil seiner Identität beschneiden wollte. Es steht zwar nicht in meinem Ermessen, inwiefern sich der leibliche Vater einbringt, doch wissen, wer sein leiblicher

Vater ist, sollte mein Sohn allemal. Zu Beginn dachte ich allerdings, dass es mir ausreichen würde, ihm ein Buch mit unserer Geschichte zu gestalten, was ich auch tat. Ich ließ vier Bände in Buchform von mehr als 24 Monaten WhatsApp Chat professionell drucken. Mit Zugriff auf alle Sprachnachrichten und Dialoge. Ich wollte, dass mein Sohn sich – irgendwann einmal und wenn er das möchte – sein eigenes Bild machen kann und keine eingefärbte oder verwässerte Geschichte von mir oder seinem leiblichen Vater bekommt. Dieser Druck war ein kleiner und irgendwie auch erschreckender Befreiungsschlag. Ich fühlte mich ein Stück weit erlöst. Erlöst von der Schuld, die auf mir lastete. Die Schuld, gegen den Verhaltenskodex verstoßen zu haben und dem Vorwurf, dass ich meinem Sohn keinen leiblichen Vater bieten konnte, der für ihn da ist und die Verantwortung übernimmt. Eben nicht die perfekte Bilderbuchfamilie.

Verrückt ist das. Denn heute vertrete ich eine ganz andere Meinung. Es ist wunderschön, wenn ein Kind beide Elternteile hat. Für eine gesundes Bindungsmuster gibt es allerdings so viel mehr Komponenten und Voraussetzungen als einfach das Bild, das eine Gesellschaft zeichnet, deren wirtschaftliche Voraussetzungen für keine Familie geeignet sind. Nachdem ich das gedruckte Werk in den Händen hielt, stellte ich fest, dass eigentlich ich es war, die die Anerkennung der Vaterschaft blockierte. Denn was würde die Antwort sein, wenn ich nachfragen würde? Ich hatte also eher Angst vor seiner Reaktion und einer möglichen Ablehnung. Wieder eine Ablehnung. Würde ich das schaffen? Je mehr ich mich damit beschäftigte, desto ruhiger, mutiger und selbstbewusster wurde ich. Ich kam an den Punkt, an dem mir ganz klar war, dass mein Sohn nicht unter meiner Angst leiden sollte und dass dies eine Entscheidung von vielen sein würde, bei denen ich meine Angst an die Hand nehmen durfte um mit ihr gemeinsam zu tanzen und zu reisen. Also nahm ich das Telefon in die Hand und rief den leiblichen Vater an. Mein Herz bebte. Ich hatte mich auch darum gekümmert, dass mein Sohn während des Telefonats betreut wurde. Denn ich wollte ihn unter keinen Umständen meinem pochenden Herzen, dem Geruch des Angstschweißes oder meiner zittrigen Stimme aussetzen. Ich wusste, dass mein Körper auf die Stimme reagieren würde. Es vergingen ein paar emotionale Telefonate, bis ich mich final gegen einen persönlichen Kontakt entschied und für mein Seelenheil entschied, das Jugendamt einzuschalten, so dass mir der Prozess abgenommen wurde. Als alleinbegleitende Mama erhält man hier volle Unterstützung. Dabei handelt es sich um keinen Rechtsbeistand, sondern lediglich um die Abnahme des bürokratischen Prozesses. Alles wird über diese dritte Stelle verwaltet. Der leibliche Vater suchte sich derweil einen Rechtsbeistand und wir haben kein persönliches Wort mehr miteinander gesprochen. Der leibliche Vater hat sich vollständig um die Organisation der Vaterschaftsanerkennung gekümmert und der komplette Prozess erfolgte durch ihn über Dritte. Für mich war das die beste Lösung, denn ich hatte dadurch meine Energie für meinen Sohn, der sie am meisten brauchte. Außerdem vergingen einige Monate, bis der Prozess abgeschlossen war.

Es gab jedoch diesen einen Moment, in dem alles grau wurde und die Zweifel Einkehr hielten. Will ich wirklich, dass ein Vater, der emotional in keinster Weise verfügbar ist, auf der Geburtsurkunde festgehalten wird und damit auch irgendwie einen formalen Platz in unserem Leben erhält? Für immer. Obwohl ich doch alles loslassen will? In dieser Phase kam noch hinzu, dass ich erfahren durfte, dass mit der Vaterschaftsanerkennung nicht nur Pflichten, sondern auch Rechte einhergehen. Als wir zum Beispiel Übersee verreisen wollten, der Plan gemacht war und die Buchung vor der Tür stand, erfuhr ich, beim Checken der Eintrittsvoraussetzungen in das andere Land, dass ich dafür eine Vollmacht benötigen würde, die mir erlaubte mit meinem Sohn ohne seinen Vater zu reisen. Äh? Bitte was? Unabhängigkeit, eine meiner größten Werte. Sie hatte einen empfindlichen Seitenhieb erhalten. Das war kurz vor der Vaterschaftsanerkennung. Hinzu kam in dem Moment, dass ich mir die Frage gestellt habe, ob ich wirklich Unterhalt erhalten wollte. Abgesehen von dem lächerlich niedrigen finanziellen Beitrag, hat es sich wie Schmiergeld oder Schweigegeld angefühlt.

Außerdem begleitete mich der Glaube, dass ich Erwartungen zu erfüllen hatte, wenn ich finanziell unterstützt wurde. Totaler Quatsch, ein richtig katastrophaler Glaubenssatz.

Ich durfte somit erst meine Perspektive ändern und habe mir auch hier – wir für alles andere professionelle Begleitung gesucht. Danach war für mich relativ schnell klar, dass ich die finanzielle Unterstützung für meinen Sohn dankend annehme – auch wenn ich keinen Unterhalt für mich einfordern wollte. Zudem war ich auch bereit, die Vaterschaftsanerkennung durchzuziehen und mögliche Hürden in Kauf zu nehmen, sofern mir Steine in den Weg gelegt werden sollten. Denn ich wusste, dass ich größer bin als jedes Problem und es war mir weitaus wichtiger, dass mein Sohn ein Recht darauf hat, zu wissen, wer sein Vater ist. Denn, soweit ich weiß, werden Kinder, die nicht wissen, wer ihre leiblichen Eltern sind, immer auf der Suche nach ihrer Identität sein. Eine weitere Herausforderung in dieser Zeit war, alleine zur Vaterschaftsanerkennung zu gehen. Verloren und hilflos bin ich in diesem großen Gebäude umhergeirrt. Alles kahl, weiß, lieblos und mein Sohn in der Trage an meiner Brust, der mit großer Sicherheit mein rasendes Herz spürte. Dass er sich mit seinen kleinen Füßchen und Händchen von einer fremden Dame nicht einfach etwas in den Mund stecken lassen wollte, war irgendwie auch klar und ich war zu diesem Zeitpunkt nicht gerade die hilfreichste Stütze.

Ich wurde täglich damit konfrontiert, wie es ist, alleine durch diesen Dschungel zu gehen und so viele Dinge alleine zu bewältigen. Ich war seit meinem 14. Lebensjahr in einer Beziehung und irgendwie gab es da immer einen Menschen an meiner Seite. Immer diese eine Schulter zum Anlehnen. Auch, wenn meine Partner nicht physisch vor Ort waren, wusste ich immer, da ist jemand. Auch, wenn ich mir meine Bilder selbst an die Wand hängte. Ich habe damals noch nicht erkannt, zu was für einer krassen Powerfrau mich das alles machen würde. Was für einen großen Schritt ich auf den Weg in meine emotionale Freiheit machen würde.

Ansonsten verlief der Prozess – aus der Vogelperspektive betrachtet – sehr reibungslos und ich bin dankbar, dass es solche Abläufe gibt, die ganz klare Fakten schaffen und auch ziemlich emotionslos verlaufen. Im Ergebnis hat der leibliche Vater die Vaterschaft anerkannt und steht mit allen Rechten und Pflichten in der Geburtsurkunde meines und auch seines Sohnes. Mein Sohn kann seine Wurzeln jederzeit nachvollziehen. Alles andere wird die Zeit bringen.

Kommunikation mit dem leiblichen Vater

Der leibliche Vater und ich haben keinen persönlichen Kontakt. Weder schriftlich noch mündlich. Ich lasse die Kommunikation über das Jugendamt laufen, während er mit einer Anwältin zusammenarbeitet. Bisher gab es auch nur eine weitere Situation, in der persönlicher Kontakt nötig war.

Ansonsten bin ich der Überzeugung, dass man nicht nicht kommunizieren kann, wie der renommierte Sprachwissenschaftler Paul Watzlawick in einem seiner Axiome darlegt: *„Man kann nicht nicht kommunizieren, denn jede Kommunikation (nicht nur mit Worten) ist Verhalten und genauso wie man sich nicht nicht verhalten kann, kann man nicht nicht kommunizieren.“*[8] *„Kommunikation ist allgegenwärtig. Wir sind immer in Kommunikation, ob durch Sprache oder Körpersprache, ob durch Verhalten im Sinne von Taten oder Unterlassungen.“*[9]

In meiner Welt bin ich mit dem leiblichen Vater meines Sohnes verbunden. Wir haben einen gemeinsamen Sohn. Es gab einen Moment in unserem Leben, in dem unsere Seelen bereit waren, Leben zu erschaffen und unsere Körper sich dafür geöffnet haben. Er, um zu geben, ich, um zu empfangen. Nicht nur die Energie unseres Sohnes hat sich in dem Moment uns als Eltern ausgesucht, sondern auch wir, als Eltern, haben in dem Moment eine Entscheidung getroffen, die das ermöglicht hat.

11. NETZWERKEN

Wenn ja, wie viele?

Netzwerken. Das war für mich lange ein „unbekannter" Begriff. Darüber habe ich mir nie Gedanken gemacht, weil es nie ein Problem war. Netzwerken war einfach immer Teil von mir. In meinem früheren Job bestand ich sogar darauf, dass Netzwerken Teil meiner Jobbeschreibung war.

Dieses Mal war das anders. Zwar ist ein Umzug in eine neue Stadt eine tolle Möglichkeit neue Menschen kennenzulernen und zu Netzwerken. Ich zog jedoch mit einem Baby in meinem Bauch und als zukünftig alleinbegleitende Mutter in eine neue Stadt. Ich hatte keine Lust, neue persönliche Kontakte aufzubauen oder gar zu pflegen. Ich hatte einfach keinen Kopf dafür. Ich musste erstmal selbst klarkommen und mich in meiner neuen Rolle zurechtfinden. Glücklicherweise lebten in der neuen Stadt zwei bis drei Freundinnen, die ich von früher kannte, die auch Kinder hatten. In meiner „alten" Stadt kannte ich nur ein einziges Paar, das Kinder hatte. Mein Fokus war ein ganz anderer. Während meiner Schwangerschaft habe ich mich somit auf das konzentriert, was schon da war. Das schenkte mir Sicherheit und Vertrauen und ich bin bis heute zutiefst dankbar dafür. Ich fühlte mich daheim, obwohl ich neu war. Schritt für Schritt bin ich also erstmal an meinem neuen Ort angekommen und in meine Rolle als zukünftige Mama hereingewachsen. Ich habe mir die Zeit gegeben, die ich brauchte, um meine Kraft wiederzufinden. Selbst, wenn ich dabei öfters alleine war oder viel weniger Kontakte als davor hatte, war das kein Verlust für mich, sondern ein Gewinn.

Mit der Geburt bemerkte ich dann schnell, dass ich zusätzlich ein Netzwerk von Gleichgesinnten brauchte. Andere frisch gebackene Mütter, um sich über die typischen Themen auszutauschen, wie

Schlafphasen, Beikost, Bewegungen, Laute, Wärme der Kleidung und vieles mehr. Ich begann mich darauf einzulassen und entdeckte sie, die Magie der Großstadt. Die Angebote waren vielfältig und zu jeder Zeit verfügbar. Es gab reihenweise Kurse und Möglichkeiten für frisch gebackene Mütter. Ich musste mir überhaupt keine Gedanken über ein Programm machen. Und ja, ein Programm haben, den Schritt vor die Haustür wagen und in einem Mutter-Kind Zentrum wieder aufgefangen zu werden, ist Gold wert! Begegnungsstätten, in denen es egal ist, ob man seit drei Tagen den gleichen Pulli mit neuen Flecken trägt, die Frisur schon lange nicht mehr sitzt und der Brokkoli durch die Luft fliegt. In denen Bewegung und Lautstärke erwünscht ist. Zeiten, die an Mütter angepasst sind. Kurse, bei denen Zuspätkommen mit *„Ich fühle dich"* begrüßt wird. Orte, an denen Zeit keine Rolle spielt, sondern das Leben gelebt und genommen wird, wie es gerade kommt. Keine festen Verabredungen, aber immer ein gemeinsamer Treffpunkt. Mütter, die sich Austausch wünschen, aber keine tiefen Gespräche. Ein Ort, an dem das Kind zum Mittelpunkt wird, die Mutter aufgefangen wird, aber nicht noch eine Erwartung erfüllen muss, sondern einfach sein kann. Meistens kannte ich die Namen der Kinder, dafür die Namen der Mütter nicht. Keiner hat sich dafür interessiert, was bei einem privat eigentlich abgeht, weil jeder wusste, das Leben richtet sich gerade nach unseren Kindern. Lasst uns in einem Jahr nochmal sprechen, ob es dann anders sein wird. Ich folgte Menschen und Einrichtungen auf Social Media, die sich genau mit den Themen befassten, die für mich neu waren. Was sich so unüberwindbar anfühlte, wurde plötzlich einfacher.

Über diese Begegnungsstätten habe ich auch meine „Super Mommys" kennengelernt. So heißt unsere WhatsApp Gruppe. Wir kommen alle aus demselben Viertel und jeder weiß, dass eine ausgemachte Uhrzeit ein „Alles-plus-minus-45-Minuten" ist, wenn überhaupt. Der Bewegungsradius hat sich auf alles, was fußläufig erreichbar ist, reduziert. Was mitgebracht wird, ist für alle Kinder da. Denn Essen macht am meisten Spaß, wenn es von anderen kommt – auch wenn es derselbe zuckerfreie Babykeks ist. Das war für mich in den ersten zwei Jahren mein Netzwerk. Unverbindlich, unkompliziert, flexibel, leicht und viel Freiraum. Ich war dankbar für die Anonymität der Stadt und dennoch mittendrin. Es gab zudem spezielle Angebote für alleinbegleitende Mütter. Zum Beispiel, dass alle zwei Wochen eine pädagogische Fachkraft für eine Stunde vorbeikam, sich die Entwicklung des Kindes anschaute und altersgerechtes Spielzeug mitbrachte. Völlig kostenfrei. Oder wöchentliche Treffen für Alleinbegleitende.

Während ich mich am Anfang heimlich zu diesen Treffen geschlichen hatte - so habe ich mir immer die Treffen der Anonymen Alkoholiker vorgestellt, man ist ein Teil davon, will es aber nicht sein – habe ich irgendwann festgestellt, dass das für mich nicht passt. Zum einen, weil sich dort auch Mütter eingefunden haben, die zwar in einer Beziehung waren, sich aber alleine fühlten und das für mich ein völlig anderer Ausgangspunkt ist, zum anderen, weil ich immer eine sehr traurige Stimmung wahrgenommen habe. Genau das wollte ich allerdings nicht. Denn ich wollte da raus. Das bedeutet nicht, dass ich einen Partner wollte, sondern, dass ich mich nicht mehr als Opfer meiner Situation, sondern als Schöpferin sehen wollte. Was darf ich aus meiner Situation lernen und zaubern?

Zudem waren dort alleinbegleitende Elternteile mit Kindern aller Altersstufen vertreten und auch das waren für mich andere Voraussetzungen. Mein Netzwerk von alleinbegleitenden Mamas, die mich angesprochen haben, habe ich auf Social Media gesucht und auch gefunden. In der realen Welt habe ich mich am Ende des Tages wohler bei den „normalen" Mommys gefühlt. Ich habe zwar auch hier wieder Zeit gebraucht, meine Geschichte zu erzählen. Aber das war okay. Ich habe mich nicht mehr dafür verurteilt. Es ging in erster Linie nicht um das Leben vor der Geburt, sondern um das liebevolle Muttersein. Außerdem sind wir gar nicht so unterschiedlich, wie wir oft glauben. Denn jede bemüht sich auf ihre Weise, im Muttersein anzukommen, trotz der vielen Herausforderungen der ersten Monate.

Heute, zwei Jahre später, bekommt Netzwerken wieder eine ganz andere Bedeutung. Ich bin zwar Mama, aber ich bin auch wieder mehr Frau. Mehr ich. Ich habe Lust auf andere Menschen und andere Themen – außerhalb des Mutterseins. Auch, wenn das immer einen großen Teil einnehmen wird, spüre ich doch die Lust auf neue Themen und Gesprächsinhalte. Es ist schön zu sehen, wie ich heute diesen „unbekannten" Begriff der „Mutter" als Spiegel meiner selbst wahrnehme und er mir zeigt, was ich gerade will oder brauche.

Die eine, die, die immer lacht

Vor meiner Schwangerschaft war ich sehr extrovertiert. Eine ausgesprochene Frohnatur, stets auf der Suche nach dem Abenteuer, und ich habe mich gerne kopfüber ins Vergnügen gestürzt. Ich habe die vielen Möglichkeiten gesehen, die ein Tag bereithält und das schöne Leben genossen. Ich war spontan, das Glas immer halb voll und die Ideen sind nur so aus mir herausgesprudelt. Ich war überall dabei, ich bin auf jeder Hochzeit getanzt. War hier im Skiverein, dort im Karateverein. War ehrenamtliche Bewährungshelferin. Hatte viele Freundschaften und noch mehr Bekanntschaften. Wander-Freunde. Feier-Freunde. Koch-Freunde. Ski-Freunde. Sport-Freunde. Arbeits-Freunde und TV-Bachelor-Freunde. Du wolltest ein Outfit für eine Gelegenheit in deinem Leben? In meinem sechstürigen Spiegel-Kleiderschrank hast du eins gefunden. Ich kannte ein Gefühl und das war Freude.

Ich war die, die immer lacht. „Only the good times" – alles andere war für mich pure Langeweile. Trübsinnige Gedanken hatten in meiner Welt wenig Platz. Schmerz, Eintönigkeit, Trauer, Einsamkeit oder Begrenzungen in irgendeiner Art und Weise waren nicht mein Ding. Auf der einen Seite hat mir dieses Verhalten mein Leben sehr einfach gemacht. Es war bunt und vielfältig. Es war reich an Menschen und Freunden.

Als ich mich für das Muttersein entschieden habe, hat sich all das verändert mit nur einer Sache, der Tatsache, dass ich nun für einen anderen Menschen außer mir verantwortlich bin. Ich habe mich gefragt: Wie möchte ich leben? Was sind meine Werte? Wen möchte ich in meinem Leben haben und was für Beziehungen möchte ich führen? Doch bevor ich diese Fragen beantworten konnte, verschwanden schon die ersten Menschen aus meinem Leben. So schnell, wie sie gekommen waren, waren sie auch wieder weg. Menschen kehrten mir den Rücken und ich hatte keine Ahnung, wieso. Währenddessen wurden verschollene Freundschaften wieder sichtbar und lebendig: *„Endlich wirst du auch Mama.“* Es war ein Mysterium aus Gehen und Kommen und ein Cocktail aus Trauer und Freude. Das ganze System sortierte sich neu. Denn auch ich sortierte mich neu. Alles in allem war es eine gegenseitige und natürliche Auslese. Doch das Aussortieren war einfacher als das Aussortiert werden. Schlimm war für mich, das verlassen zu werden. Das Gehen von Menschen, die mir kurz davor noch sehr nahegestanden hatten. Gerade als alleinbegleitende Mama. Es war vermutlich eine der wenigen Male, in denen ich diese Verbindung gebraucht hätte. Um mich anzulehnen und nicht neu behaupten zu müssen. Das fiel weg. Vor allem die Freund*innen ohne Kinder. Auch, wenn einiges für mich nicht mehr passend war, hätte ich doch lieber das halb Passende behalten, anstatt mit leeren Händen dazustehen. Ich erinnere mich noch an einem Moment, an dem ich sagte: *„Ich habe einfach keine Freunde mehr.“* Das stimmte zwar so nicht, doch es fühlte sich für mich so an. Heute weiß ich, wofür das gut war. In dem Moment fühlte es sich trotzdem scheiße an.

Bei einem kleinen Plausch bei uns im Hausflur sagte eine andere Mutter zu mir mal: *„Eine lange Freundschaft ist kein Garant dafür, dass sie nach der Geburt eines Kindes noch überlebensfähig ist.“* Ja, genau so. Mit der Geburt meines Sohnes sind Werte in meinem Leben offengelegt worden, die ich nicht kannte. Aus schnell wurde langsam, aus mehr wurde weniger, aus Vielfältigkeit wurde Eintönigkeit. Ich war eine ganze Weile danach weder bereit, noch dazu in der Lage, neue Freundschaften zu knüpfen. Ich habe viele Mamas kennengelernt, denn ein Kind ist im wahrsten Sinne des Wortes eine Kommunikationsbörse, doch lange Zeit niemanden an mich herangelassen. Ich habe mir einfach Zeit für mich genommen. Zeit, um meine Freundschaft zu mir besser aufzubauen.

Was ich gelernt habe, ist, dass Freundschaften auseinander gehen. Vielleicht weil es nicht mehr passt, sich Interessen verschieben oder die örtliche Distanz größer wird. Manchmal ist es nur für einen gewissen Zeitraum, manchmal aber auch für immer. Und das ist okay. Ich möchte meine Freundschaften auch nicht in gut oder schlecht einteilen oder bewerten. Denn ich möchte mich nicht bewerten. Mein Leben davor war wild und nicht planbar. Heute ist mein Leben noch genauso wild und auch nicht planbar. Nur anders. Der kleine aber feine Unterschied ist, dass ich mich heute dabei nicht mehr vergesse oder überhöre. Alles kann, nichts muss. Es waren und sind alles Menschen, die mich ein Stück meines Weges begleiteten und mich zu der Person formten, die ich heute bin. Freundschaften entstehen, weil zwei Menschen eine Türe öffnen. Schließt sich eine Türe wieder, dann, weil etwas Neues wartet. Es gibt so viele Glaubenssätze über Freundschaften und Fakten darüber, wie Freundschaften auszusehen haben. Ich glaube, dass mir das Leben genau die Menschen in mein Leben sendet, die da sein sollen. Zu dem Moment, zu dieser Zeit. Das Wichtigste ist jedoch, dass ich mich dabei nicht selbst vergesse. Denn die einzige Person, die immer an meiner Seite sein wird, immer und ewig, die bin ich. Ich bin meine beste Freundin. Meine Mutterschaft war der Beginn meiner Freundschaft zu mir.

Quality statt Quantity

Die Geburtstage meines Sohnes haben wir bisher zu zweit gefeiert.
Mein Ziel war Quality Time und das bedeutet für mich, präsent
zu sein. Da ich das nicht bin, wenn ich Organisatorin, Gastgeberin,
Mutter und Mamafreundin bin, habe ich mich gegen eine größere
Party entschieden. Stattdessen Zeit für uns und raus aus dem Alltagstrott. Den ersten Geburtstag haben wir in Südafrika verbracht,
den zweiten Geburtstag im Schwarzwald. Ich bin mir sicher, dass
wir das auch noch das ein oder andere Jahr klein, das bedeutet mit
weniger Menschen und dafür aktiver Präsenzzeit, halten werden.
Außerdem darf ich, neben meinem Sohn, auch mich ein bisschen
feiern. Denn irgendwie war es nicht nur seine Geburt, sondern
auch meine Neugeburt.

Von der Pflicht zur Kür

Was für mich gestern noch der ganz normale Wahnsinn war, fühlte sich auf einmal wie eine unüberwindbare Aufgabe an. Ich erinnere mich noch an einen runden Geburtstag, zu dem wir extra angereist waren. Etwa 50 Menschen, adrett gekleidet, in einem schönen Restaurant, leckeres Essen, guter Wein, nette Gespräche und gemütliches Beisammensein. Eigentlich ein schönes Zusammenkommen. Für mich als alleinbegleitende Mama allerdings eher Nervenkitzel und Hochspannung. Eine lange Autofahrt, viele Eindrücke für ein sechs Monate junges Baby und für mich als Mutter. Stetige Stillpausen. Schlafphasen, denen es nicht einfach war, nachzugehen. Ich war hin- und hergerissen zwischen *„Ich will auch"* und *„Ich will nicht"*. Im Ergebnis war es mein letzter Besuch, der für mich viel Aufwand und das Zusammensein mit sehr vielen Menschen bedeutete. Ich habe danach nur noch Feste besucht, die für mich gepasst haben. Zeitlich, örtlich, menschlich. Aus der Pflicht wurde eine Kür. Diese Entscheidung war erleichternd. Aus mehr wurde weniger.

Ansonsten haben mich auf Festen, die wir besuchten, immer dieselben inneren Konflikte begleitet, die ich auch meiner Rolle als alleinbegleitende Mama zuschreibe. Ich musste erst lernen, damit umzugehen. Gerne möchte ich sie teilen. Es waren vier an der Zahl.

1. Abgeben oder Behalten

Ich wurde oft herzlich begrüßt und mit viel Aufmerksamkeit beschenkt. Auch wenn sich das manchmal wie ein Fluch anfühlte, da ich dabei sein, aber nicht im Scheinwerferlicht stehen wollte. Mir wurde Hilfe und Unterstützung angeboten, sodass ich mal ein paar Minten für mich hätte haben können. Ein Stück Kuchen essen. In Ruhe auf die Toilette gehen oder einfach nur die Augen schließen und meinem Atem lauschen. Aber mein Kind in andere Arme geben, weil es das Dorf war, das mir fehlte? Oder zumindest der Partner? Ich fühlte keinen Einklang damit. Und ja, ich weiß, man hat das früher so gemacht: Kinder sind von Arm zu Arm gewandert und stolz umhergereicht worden. Aber mein Sohn ist keine Trophäe und zudem neu auf dieser Welt. Sicher und beschützt fühlt er sich doch in den Armen seiner engsten Bezugsperson, seiner Mama. Das war eben einfach nur ich. Und es ist völlig egal, ob das die Tante, die Schwiegermutter, der Onkel, die beste Freundin oder einfach die langjährige Nachbarin sind. Ob die Person schon fünf Kinder großgezogen hat oder noch gar keins. Für mein Kind waren es alles neue, unbekannte Menschen mit anderen Gerüchen. Jedes Mal, wenn ich mein Kind in andere Arme gegeben habe, habe ich mich einfach nicht gut gefühlt. Nur in ganz wenigen Momenten.

Manchmal gab ich ihn ab, weil ich die fünf Minuten auf dem stillen Örtchen genossen habe. Manchmal aber auch, weil ich nicht unverschämt sein wollte und dachte, ich wäre undankbar, wenn ich die Hilfe abweisen würde. Es war ein Prozess und auf jedem Fest wurde ich sicherer. Ich wollte meinen Sohn nicht mehr in fremde Arme geben. Ich wünsche mir von ganzem Herzen, dass mir mein Sohn die Momente, in denen ich ihn in die Arme andere Menschen gegeben habe, ohne dass es sich gut angefühlt hat, verzeiht. Mein „Nein" ist in der Zwischenzeit so laut und es ist mir völlig egal, was andere denken. Manometer, bin ich stolz darauf! Selbiges mache ich auch, wenn andere Personen – und ja, das kann sogar eine fremde, ältere Dame an der Ampel sein: meinem Sohn über die Haare streicheln wollen. Er hat einen blonden Lockenkopf und scheint prädestiniert dafür. Selbst, wenn die meisten Menschen diese Geste als sehr nett empfinden, ist es für mich ein deutliches Überschreiten der körperlichen Grenzen. Inzwischen spreche ich das aus. Auch, wenn ich meistens einen verwunderten Blick und hochgezogene Augenbrauen dafür ernte. It's worth it.

2. Reden oder Nicht-Reden

Mein zweites Dilemma waren Unterhaltungen. Jede Mutter weiß, dass man keine Unterhaltungen mehr am Stück führen kann, schon gar nicht, wenn sie tiefer geht. Da ich Menschen aber schon immer gerne meine volle Aufmerksamkeit geschenkt habe, eine gute und aktive Zuhörerin bin, fand ich es maximal anstrengend, mich zu unterhalten. Dazu kam der „Bonus" einer alleinbegleitenden Mutter. Sobald ich die Aufmerksamkeit auf eine andere Person richtete, war sie völlig abgezogen von meinem Sohn. Allerdings war da keine zweite Person, die ebenfalls ein Auge auf meinen Sohn werfen konnte. Ich bin solchen Unterhaltungen also nur nachgegangen, wenn ich sicher war, dass auch mein Sohn gut versorgt war. Das ist heute noch so. Wenn sich also jemand mit mir so richtig unterhalten möchte oder ich mit einer anderen Person, dann in einem anderen Rahmen.

3. Gehen oder Bleiben

Während ich früher meistens der letzte Partygast war, die Tanzfläche mit dem letzten Lied verließ und in den frühen Morgenstunden noch den letzten Zug der Zigarette nahm, war ich plötzlich die Erste, die ging. Meine Verweildauer auf Kinderfesten war maximal zwei bis drei Stunden. Dabei waren drei Stunden schon das Höchste der Gefühle. Sprüche wie: *„Kinder schlafen überall ein"* oder *„Kindern macht das nichts aus, sie sind hart im Nehmen"*, *„Bei mir war das früher ganz anders..."* habe ich alle gehört. Es gibt, glaube ich, keinen Menschen auf dieser Welt, der zum Thema Kinderbegleitung keine ungefragten Rat-Schläge bekommt. In dieser Sache war ich allerdings immer sehr rigoros. Mein Sohn musste nie mit dem Kopf im Teller einschlafen, nur weil ich noch eine Stunde mehr Spaß wollte. Mein Sohn musste auf keiner Party bleiben, weil ich noch nicht gehen wollte. Die Abende, an denen wir in den ersten zwei Jahren nach halb sieben zu Hause waren, kann ich an einer Hand abzählen. Ein bisschen spießig war richtig geil. Für mich, ist es nicht nur meine Verantwortung, Umstände zu schaffen, die meinem Sohn ein liebevolles Umfeld geben, sondern auch, dass er gut schlafen kann. Denn Schlaf ist einfach unsere größte Erholungspause, die uns geschenkt wird. Abgesehen davon sind seine Schlafphasen auch meine Ruhepausen. Und die können darüber entscheiden, ob ich eine ausgeglichene oder schnell genervte Mutter bin. Ich wurde für diese Stringenz einige Male belächelt, aber ich habe es nie bereut. Ganz im Gegenteil: Ich feiere mich dafür. Denn ein guter Schlaf war selten ein Thema bei uns.

4. Hilfe und Unterstützung

In meiner Vor-Mama-Zeit war ich bei Festen immer ein fleißiges Bienchen. Egal, ob bei der Organisation, dem Aufbau, dem Transport oder der Zubereitung von Leckereien. Ich kann mich nicht daran erinnern, auf Festen nichts mitgebracht zu haben. Es waren die Muffins, die Quiches, der Kuchen oder das gute Getränk. Zum einen, weil ich es genauso wertschätze, wenn ich unterstützt werde und Selbstgemachtes liebe. Zum anderen, weil ich weiß, wie stressig es ist, wenn man alles selbst machen muss. Aber dieses Mal war es anders. Ich hatte schon alle Hände voll zu tun. Ich wollte jede Extraaufgabe, die nicht überlebenswichtig war, eliminieren. So auch Backen, Organisieren, Einkaufengehen oder etwas zu basteln. Mit ganz viel Glück habe ich mal ein paar Haferkekse mitgebracht. Aber das war es auch schon. Bestimmt werden auch wieder andere Zeiten kommen, bis dahin bleibe ich treue Kundin der Konditorei und Bäckerei von nebenan. Meine größte Lernerfahrung, zu meiner großen Verwunderung, war, dass es die meisten Leute gar nicht interessiert hat, wenn ich „Nein" sagte. Egal ob beim Abgegeben, Nicht-Reden, Gehen, Unterstützen oder Nichtanfassen. Das war alles nur in meinem Kopf. Ich hatte Angst davor, abgelehnt zu werden, wenn ich nicht mehr die „Alte" war. Die einzige Person, die mich allerdings abgelehnt hat, war ich selbst. Bis ich's kapiert habe. Aus Ablehnung wurde Wertschätzung. Ich schätze mich heute für meine Hingabe, die Dinge so zu tun, wie ich sie möchte. Das klappt nicht jeden Tag. Aber jeden Tag ein bisschen besser.

Und ist das nicht das einzige Ziel? Das Heute ein bisschen besser als das Gestern zu machen, damit das Morgen noch schöner werden kann?

Von Ihr zu Wir

Für mich ist dieses Kapitel ein ganz besonderes Kapitel. Denn Weihnachten und die Weihnachtszeit ist das Fest der Harmonie, der Liebe und der Familie. Menschen kommen zusammen, teilen gutes Essen, machen sich Geschenke und wollen vor allem eins: Zeit miteinander verbringen.

Ich verbinde mit Weihnachten einen Eiertanz.

Genau das war meine größte Motivation, ein friedliches Weihnachtsfest zu feiern – und wenn wir es alleine feierten. Und so kam es. Mit 38 Jahren habe ich mir die Erlaubnis erteilt, Weihnachten alleine zu feiern. Weihnachten mit mir zu feiern, nach meinen Wünschen und Bedürfnissen. Ich war schon immer fasziniert von der Stimmung an Weihnachten, die durch das Land, ja, durch die ganze Welt zieht. Die geschmückten Fenster, die rauchenden Kamine und das warme Licht in den Häusern. Die dankbare und zufriedene Laune der Menschen. Die Liebe, die in der Luft liegt. Ich genieße die Einkehr dieser dunklen Jahreszeit sehr. Den Rückzug, die Innenschau. Die Ruhe und Kraft. Den Wechsel der Gezeiten. Ich wollte dieses Gefühl behalten und mit in mein Zuhause nehmen, den Heiligabend auf meine Weise genießen. Ich erinnere mich noch gut an den Abend: Das Mehrfamilienhaus, in dem ich lebte, war leer. Ich hörte keine Fußstapfen über oder unter mir. Die Stille, in die ich, mitten in der Stadt, eintauchte, war befreiend. Ich hatte spontan Lust, mir mein Vision Board zu gestalten. In kleinen und großen Kisten habe ich Klebematerial, Karten und Sticker gefunden. Zeitschriften hatte ich – und los ging es. Mehrere Stunden saß ich in meinem Wohnzimmer auf dem gemütlichen Teppich und bin völlig in die Gestaltung meiner Vision, meines Lebens, eingetaucht. Es war ein Heiligabend voller Ruhe. Voller Glück. In absoluter Friedlichkeit. Er hat perfekt zu der Entscheidung an diesem Abend gepasst. Denn es war auch eine Entscheidung für mein Leben. Für mich. Wie sollte meine Zukunft aussehen? Diese Entscheidung war bahnbrechend für mich. Denn ich wehrte mich nicht nur gegen familiäre Erwartungen, gegen das Alles- oder Nichts-Prinzip und das wirkende Machtgefälle, sondern auch gegen gesellschaftliche Traditionen. Irgendwie gegen die ganze Welt. Das war vermutlich einer der größten Schritte in meinem Leben.

Das darauffolgende Jahr bin ich meinem Ruf gefolgt und wir haben die Weihnachtszeit auf einem schönen Bauernhof mit viel Liebe verbracht. Auf dem Weg dorthin haben wir einen Zwischenstopp bei meiner Ursprungsfamilie gemacht, um dann, mit ein paar Geschenken mehr im Gepäck, weiter in die Natur zu fahren. Das war für mich eine wunderschöne Auszeit. Die Natur, Tiere, Stallzeiten und alles, was das Kinderherz begehrt, waren inklusive.

Kurz nach Weihnachten kommt Silvester. Hier ist es üblich, das alte Jahr im Kreise guter Freunde, mit einem leckeren Glas Sekt und einem hell erleuchteten Himmel ausklingen zu lassen, um in das neue Jahr zu starten. Zur Zeit passt das für mich nicht. Zum einen schläft mein Sohn schon und zum anderen genieße ich es auch, ins Bett zu gehen, wenn ich müde bin und fit in den ersten Tag des Jahres zu starten.

Wie ich die nächsten Jahre die Feiertage verbrinden werde, weiß ich nicht. Das zu sagen, tut gut und fühlt sich leicht an. Befreit vom Druck der Erwartungen, im Innen und Außen. Ich kann mich 364 Tage darauf freuen, da ich weiß, dass ich mir vertraue, dass ich die richtige Entscheidung treffen werde. Und das ist das schönste Geschenk, dass ich mir für diese wunderbare Zeit des Jahres machen kann.

Wenn das Glück liegt doch so nah

Früher, vor meiner Mutterschaft, war Urlaub für mich völlig zeitlos. Wenig bis keine Organisation und die Möglichkeit, mich treiben zu lassen. Ich habe mal schnell einen Flug gebucht, bin auf einen Vulkan gestiegen, mit dem Rucksack durch die Leere der schottischen Wüste gewandert, habe in Schutzhütten übernachtet oder bin einfach ins Auto gestiegen und losgefahren. Außerdem waren regelmäßige Kurztrips Standardprogramm. Ich musste mich um niemanden kümmern, außer um mich selbst. Jetzt ist das anders. Nicht besser oder schlechter. Einfach anders. Dieses Anders durfte ich aber erst kennenlernen.

Unseren ersten Urlaub verbrachten wir in Südafrika und waren dort zwei Monate mit unserer Oma unterwegs. Da war mein Sohn gerade mal zehn Monate jung. Das Wichtigste für mich war, keinen festen Plan zu haben und vor allem keinen Zeitdruck. Es gab einen Rahmen, der jederzeit flexibel angepasst werden konnte. Ich habe uns für die Zeit in Südafrika eine „Homebase" gemietet, zu der wir immer wieder zurückgekommen sind. Wir waren mal drei oder vier Tage, aber auch eine Woche am Stück, unterwegs, jedoch nie ständig auf dem Sprung. Wir haben die Nachbarn kennengelernt und mein Sohn hatte immer wieder das Gefühl von „hier kenne ich mich aus und kann die neuen Eindrücke integrieren". Außerdem wurde jeder Tag um seine Schläfchen herum geplant, sodass er seine nötigen Pausen und Erholungszeiten richtig nutzen konnte. Das klappte mit ein wenig Feingefühl und der Akzeptanz, dass Reisen viel langsamer und aufmerksamer wird, hervorragend.

Als danach die ersten Ferien der Kita anstanden, suchte ich wieder nach einem tollen und außergewöhnlichen Reiseziel. Aber mein Glücksgefühl dazu stellte sich nicht ein. Es dauerte eine Weile, bis ich diese Erwartung loslassen konnte und mir klar wurde, dass ich nur das Gegenteil unseres Alltags möchte. Dieser war weitestgehend geplant und strukturiert und fand inmitten der großen Stadt statt. Mein Bedürfnis war Ruhe, „Weniger vom Mehr" und Natur. Unsere ersten Ferien verbrachten wir somit in meinem Elternhaus, während diese außer Haus waren. Dort war viel Platz und direkt der Wald und die Tiere vor der Tür. Wir hatten einen Tapetenwechsel in gewohnten Gefilden. Wir waren jeden Tag ein bisschen wandern. Wandern mit meinem Sohn bedeutete für mich überschaubare Routen mit regelmäßigen Pausenzeiten zu planen. Aus langen Wegen wurden kurze Wege mit vielen Stöcken, Tannenzapfen, Eicheln, Kastanien, Steinen und einem Eimer, in dem alles gesammelt werden konnte. Jeder Bach und jede Pfütze war ein Zwischenhalt wert. Als meine Eltern aus dem Urlaub kamen, waren wir noch zwei weitere Tage da, die ich hauptsächlich dafür genutzt habe, Sport zu machen, etwas zu lesen oder einfach spazieren zu gehen. Das waren also meine zwei Tage. Danach sind wir nach Hause zurückgefahren und ich habe angefangen die freie Zeit in der Stadt, in der wir wohnen zu genießen und nach Ideen und Ausflugsorten zu suchen. Das Abenteuer vor der Tür. An dieser Stelle habe ich Social Media wieder gefeiert, denn natürlich gab es dort schon mindestens eine Mutter, die sich genau die Beantwortung dieser Frage zur Aufgabe gemacht hat.

Unsere zweiten längeren Ferien verbrachten wir auf einem Bauernhof.

Ich gestalte unsere Ferien so, dass wir erst mal ein bis zwei Tage in den Ferien ankommen und uns auf unseren Urlaub einstimmen. Anschließend fahren wir in die Natur und am Ende der Ferien haben wir auch immer wieder ausreichend Zeit, um auch einfach mal die Zeit zu Hause zu genießen und nicht immer auf dem Sprung zu sein. Ich habe das Gefühl der Zeitlosigkeit noch einmal ganz anders erlebt. Ich erlebe die Momente im Hier und Jetzt intensiver. Es braucht nicht viel. Manchmal liegt das Glück direkt vor der Tür oder in unserer näheren Umgebung. Ich versuche die Kunst des

Nichtstuns zu integrieren und lasse gerne mal Langeweile auf-
kommen, und mich von der Kreativität eines Kinderkopfes über-
raschen zu lassen. Ich glaube nämlich, dass es sehr wichtig für die
psychische Entwicklung meines Sohnes ist, diese komplett freien
Zeiten zu haben, um sich selbst zu entdecken. Kein Druck. Keine
Erwartung. Keine Termine. Einfach nur sein. Meine wichtigsten
Zutaten sind Einfachheit und Leichtigkeit. Weniger ist mehr von
uns.

Phase 3

Jenseits des Gewohnten.
Wachstum durch Vertrauen.

Hast du Geld oder hat es dich?

Mit der Geburt meines Sohnes und meiner damit einhergehenden „Arbeitsunfähigkeit" wurde das Thema Finanzen mein absoluter Endgegner. Meine Königsdisziplin.

Ich hatte mit 14 meinen ersten Job und seitdem immer auch eigenes Geld verdient. Damit konnte ich zwar weder meinen Lebensunterhalt, noch mein erstes Studium finanzieren, dennoch hat es mir das Gefühl von Unabhängigkeit vermittelt. Ich habe gerne Geld gespart, habe es aber auch gerne ausgegeben. Mit meinem ersten „richtigen" Job kam das große Freiheitsgefühl. In all meinen Jahren des Angestelltendaseins habe ich immer Geld zur Seite gelegt, womit ich mir weitere Studien, Ausbildungen, Urlaube, Auslandsreisen oder -aufenthalte finanzieren konnte. Geld war zwar immer ein großes Thema bei mir, denn ich habe sehr genau gewusst, wie viel Geld ich habe und wofür ich es ausgebe, aber ich hatte keine Angst, es zu verlieren. Geld war irgendwie immer da.

Mit meiner Schwangerschaft änderte sich das. Ich bekam auf einmal Panik, nicht abgesichert zu sein und kein Geld mehr zu haben. Ich suchte mir kurz darauf einen Finanzberater und ich sicherte mich weitestgehend ab. Ich schloss Vermögens- und Risikoversicherungen ab und erstellte mir das erste Mal einen professionellen Haushaltsplan. Ich trackte eine ganze Weile alle meine Ein- und Ausgänge in einer Finanzapp und hatte dazu eine sehr detaillierte Exceltabelle. Ich wollte wieder die Kontrolle über meine Finanzen bekommen, denn ich hatte plötzlich viel mehr Ausgaben als Einnahmen und das überforderte mich. Der Umzug, mein neues Inventar, die Babysachen und vieles mehr. Bei meinen Vertragsabschlüssen hatte ich mich auch an meinem Gehaltsstatus vor der Schwangerschaft orientiert und der war außerordentlich gut. Wie sollte ich das allerdings in der Elternzeit stemmen? Die vermeintlichen 65% des Netto-Einkommens wurden bei 1800 € gedeckelt. Also war mein Maximalbetrag 1800 €, obwohl 65% des Einkommens meines Netto-Gehalts deutlich darüber gewesen wären. Die vermeintliche Sicherheit, für die ich immer gearbeitet und für die ich mich dem System untergeordnet hatte, war dahin. Das war der Moment, in dem ich es mit der Angst zu tun bekam. Alles, was ich bis dato über Alleinbegleitend-Sein und Finanzen gehört hatte, tobte in meinem Kopf. Altersarmut, Erziehen ohne Geld, materielle Entbehrungen und vieles mehr. Es war furchtbar. Auch die mangelnde Flexibilität, die fehlenden Kitakapazitäten, die Krankheitstage, die Notbetreuung, und, und, und. Ich habe mich arm gefühlt, ohne arm zu sein. Das Thema Geld blockierte mich so sehr, dass ich es einfach zur Seite schob. Ich weigerte mich, mich damit zu beschäftigen. Dennoch plagte es mich, wie eine Mücke, wenn man schlafen möchte.

Mein Mittel der Wahl war die Selbstständigkeit: Flexibilität, finanzielle Unabhängigkeit, Freiheit. Ich gründete somit während meiner Schwangerschaft noch ein Unternehmen mit einer Freundin und dachte, jetzt habe ich es geschafft. Jetzt bin ich flexibel, kann mir meine Zeit frei einteilen und niemand kann mir mehr reinreden. Dabei hatte ich nicht bedenken wollen, dass eine Firmengründung nicht von heute auf morgen geschieht und es mit der Gründung an sich nicht getan ist. Eine Firmengründung ist eigentlich nicht mehr als ein Aushängeschild. Die richtige Arbeit geht dann erst los und bevor man die Früchte seiner Arbeit ernten darf, muss man erst einmal investieren. Zeit, Geld, Geduld, Durchhaltevermögen, Liebe, Nerven und vieles mehr. Die Samen säen. Selbstständigkeit ist kein Zuckerschlecken und passiert nicht von heute auf morgen. Zumindest war das bei mir so. *„Das Geld wird schon irgendwie reintrudeln"* – oder eben auch nicht. Dazu kamen meine Gedanken an den Verlust des Elterngeldes, wenn ich zusätzliches Geld verdiente. Ich würde mir damit ja wieder die „vermeintliche" Sicherheit nehmen, die mir so viel Halt gab und vor allem auch Zeit zum Ankommen. Ich war hin- und hergerissen zwischen der vermeintlichen Ruhe und Sicherheit, wie auch dem innerlichen

Kampf, alles geben zu müssen, damit ich nach der Elternzeit auf jeden Fall ein konstantes Einkommen generieren würde. Gleichzeitig war ich gerade Mutter geworden. Ich wollte die Zeit mit meinem Sohn genießen und in unserem neuen Leben ankommen. Ich wollte plötzlich nicht mehr so arbeiten wie davor. Das, was so viele Jahre ein großer Teil meines Lebens gewesen war, hatte völlig an Bedeutung verloren.

Das Thema Geld hat mich dennoch während der ganzen Zeit immer begleitet. Wie ein unwillkommener Gast, der nicht gehen wollte. Es hat mich beherrscht und je näher das Ende meiner Elternzeit rückte, desto enger wurde es. Denn 1800 € sind nicht viel Geld, nicht in der heutigen Zeit. Ich habe in dieser Zeit schon so viele meiner Ersparnisse aufgebraucht und bin auch Risiken eingegangen, in dem ich in Business-Coachings investiert habe. Ich bin immer drangeblieben, aber nicht in der Intensität, wie ich mir das vorstellte. Manchmal hatte ich keine Lust, ganz häufig hatte ich aber auch keine Kraft. Die Verantwortung, die sich über mir zusammenzog, wurde schwerer, größer, dunkler und ich wollte zwischenzeitlich wegrennen. Ich wollte, dass jemand kommt und mich rettet, rettet aus meinem finanziellen Desaster. Mein Kopf explodierte. Es baute sich mehr und mehr Druck auf und ich konnte ihn nicht rauslassen. Ich wusste nicht, wohin. Ich habe mich auch so schuldig gefühlt meinem Sohn gegenüber, wie eine Versagerin. Je größer der Druck wurde, desto bewegungsunfähiger wurde ich.

Ich konnte und wollte nichts mehr in mein Business investieren. So viele Abende und Nächte saß ich da und habe gehofft, dass es besser wird. Nach außen hin habe ich gestrahlt und es sah alles nach Friede-Freude-Eierkuchen aus. Ich erinnere mich aber noch sehr gut an die Momente, in denen meine Karte nicht funktioniert hat, weil das Elterngeld nicht ausreichte und ich an der Kasse stand und glücklicherweise genug Bargeld dabeihatte. Ich habe mir erst dann etwas aus meinen Ersparnissen überwiesen, wenn das Elterngeld aufgebraucht war. Das ging oft sehr schnell. Doch meine Ersparnisse waren keine unerschöpfliche Quelle und ein regelmäßiges

Einkommen gab es nicht. Das war so zermürbend, dass ich mich nach meiner Elternzeit arbeitslos gemeldet habe, was sich so absurd angefühlt hat. Denn ich war alles, aber nicht „arbeitslos". Ich hatte mehr Arbeit als jemals zuvor. Mir mein eigenes Business aufzubauen und gleichzeitig 24/7 Care-Arbeit, für die ich nicht entlohnt wurde, zumindest nicht im Sinne von Geld. Denn entlohnt wurde ich, und das war mehr, als in Geld jemals aufzuwiegen sein wird. Dennoch konnte ich mir damit keine Butter kaufen und der Gedanke an mein davonfließendes Geld hat mich sehr im Griff gehabt. Hin- und her gerissen zwischen Dankbarkeit über das schönste Geschenk, das ich in meinem Leben erhalten habe, und dem Verlust meiner Unabhängigkeit. Ich wusste nicht mehr, wo vorne und hinten war. Ich wusste nicht mehr ein noch aus. Was will ich denn? Festanstellung oder Selbstständigkeit? Beides oder nichts?

Wandere ich aus und lebe in einem Land, in dem die Lebenshaltungskosten ein Zehntel von dem betragen, was es hier in Deutschland kostet? Ich bin währenddessen vielen alleinbegleitenden Müttern auf Social Media gefolgt, die das getan haben. Aber es war nicht das, was ich wollte. Ich mag Deutschland. Auch, wenn ich gerne reise und andere Kulturen liebe, fühle ich mich mit diesem Land verbunden. Das Kleinkarierte und Saubere, das mich manchmal so nervt, mag ich auch. Ich habe mich manchmal in den mittelständischen Familienkonzern zurückgewünscht, in dem ich mich auskannte. In dem das Teilzeitmodell das Hauptbeschäftigungsmodell war und wo ich meine Arbeit fast blind erledigt hatte. Genau der Grund, warum ich das nicht mehr wollte bei meiner Kündigung. Diese Struktur, die mich so gelangweilt hatte, wollte ich wieder. Das langweilige, eintönige Leben, das so viele lebten und gegen das ich mich gewehrt hatte, wollte ich zurück. Das Normale. Das Neue war so anstrengend und es kam nicht das dabei heraus, was ich mir wünschte. Meine Träume, Ziele und Wünsche überforderten mich. Alle reden immer von großer Vision. Ja, meine Vision war groß, aber ich konnte sie nicht (aus-)halten. Es waren keine realistischen Ziele. Sie waren so weit weg. Ich wollte den Mount Everest besteigen, ohne jemals Bergsteigen gewesen zu sein.

Das war Überforderung pur. Ich kam an den Punkt, an dem ich mir das eingestehen musste. Und es einzugestehen war nicht das Schwerste. Das Schwerste für mich war, mich nicht dafür zu verurteilen und mir zu vertrauen. Denn ich fühlte mich, mal wieder, wie eine Versagerin. Ich erinnere mich noch, wie ich zu einer Freundin sagte, ich werde alleinbegleitend Multimillionärin. Ein Jahr später musste ich mir Geld leihen, weil der Monat noch nicht zu Ende war, aber ich unser Essen nicht zahlen konnte. Ich hatte so viel Unterstützung von meiner Mutter. Ich frage mich manchmal, wie das ohne sie gewesen wäre. Ich konnte den Lebensstandard, den ich pflegte, nicht selbst halten. Dieser Lebensstandard war aber einfach normal. Eine normale zwei Zimmer Wohnung, deren Miete noch unter dem Durchschnitt lag. Ein Auto, das ich schon seit zehn Jahre fuhr, Lebensmitteleinkäufe im Discounter und ab und zu mal ein Coffee-to-go. Es war nichts Außergewöhnliches. Es war einfach stinknormal. Ich erkannte, was es bedeutet, „finanziell" alleinbegleitend zu sein. Ich musste mich entscheiden. Zwischen Zeit mit meinem Kind und unserem Lebensunterhalt und ich trug die komplette Verantwortung dafür. Ohne Ausnahme. Man sagt ja immer, das Leben schenkt einem nicht das, was man sich wünscht, sondern das, was man braucht. Ich habe lange nicht verstanden, was ich gebraucht habe und was für eine Aufgabe ich lösen durfte.

Ich habe dafür ein Bild gemalt, das die Situation für mich ganz treffend beschreibt. Ich stand eine ganze Weile mit einem Haufen Landkarten in der Hand am Fuße eines Berges. Bereit, loszugehen. Nur wusste ich nicht, wohin. Ich habe mich abgemüht, den perfekten Weg zu finden, auf dem mir unter keinen Umständen etwas passieren kann, auf dem ich alles richtig mache und wo mir kein einziges Hindernis begegnen wird. Bloß kein „Trial and Error". Davon hatte ich schon so viel. Dabei ist eines meiner Lebensmottos „Der Weg entsteht, wenn man ihn geht". Aber auch ich bin nur ein Mensch und die Angst, alles zu verlieren, hat mich bewegungsunfähig gemacht, wodurch gleichzeitig meine Angst immer realer wurde. Es war ein Teufelskreis und ich habe keinen Ausweg gesehen. Diese Kreuzung, bei der es um nichts anderes als Geld und

Erfolg ging. Je länger ich dastand, desto kälter wurde es. Die aufgewärmten Muskeln erstarrten. Es wurde nicht besser. Mein Mut hat mich Stück für Stück verlassen. Der Schritt, weiterzugehen wurde zu einer immer größeren Herausforderung. Ich wollte mir das nicht eingestehen. Je weniger das Geld auf meinem Konto wurde, desto kleiner fühlte ich mich. Desto schlimmer wurde es. In all dem Drama und der Opfergeschichte, dich ich mir erzählte, vergaß ich, was ich eigentlich schon alles erreicht hatte und wie stolz ich darauf sein konnte. Wie weit ich eigentlich schon gekommen war, was ich alles gelernt hatte.

Es gab keinen bestimmten Moment, in dem ich gesagt habe, jetzt reicht es. Ich habe mich des Themas einfach angenommen. Ich habe wieder begonnen, mir einen Überblick über meine Finanzen zu verschaffen, ich habe nach meinen Glaubenssätzen gesucht, mir meine persönliche Geldgeschichte und meine emotionalen Blockaden angeschaut. Ich habe Coachings gebucht und bin in Begleitung in mein Unterbewusstsein eingetaucht. Ich war nicht mehr bereit mich vom Thema Geld (und Angst) so führen zu lassen. Und bevor ich wieder in Bewegung gekommen bin, habe ich erst einmal meine Situation angenommen und mir ganz ehrlich eingestanden, wo ich eigentlich gerade stehe. Ich war liebevoll zu mir selbst und habe eine Pause gemacht. Eine Pause von meinen Gedanken. Durchgeatmet. Ich habe Kraft getankt, um mein Vertrauen in dieser neuen Situation wiederzuerlangen. Dass ich fähig bin, nicht mehr nur mir allein, sondern uns, einen angemessenen Lebensunterhalt zu erschaffen, damit ich mich nicht mehr so abhängig fühle.

Ich habe gespürt, wie langsam meine Kräfte und meine Ideen wieder zurückkamen. In dem Moment, in dem ich aufgehört habe, zu kämpfen und krampfhaft nach der perfekten Lösung zu suchen. In dem Moment, in dem ich mich gefragt habe, was brauche ich denn gerade zum wirklich zum Leben und um glücklich zu sein? Was erfüllt mich? In dem Moment, in dem ich alle Landkarten über Bord geworfen habe und gesagt habe, ich laufe jetzt los. Ich vertraue mir. Alles ist okay. Ich laufe langsam, aber ich laufe los.

In dem Moment wurde es leichter. In dem Moment öffneten sich wieder Türen. Denn es darf leicht sein, auch wenn es nicht immer einfach ist.

Von der Me-Time zur We-Time

Me-Time. Ein Begriff der inflationär durch die Social-Media-Kanäle geistert. Wie ein Berg, der sich vor dir auftürmt, wenn man sagt, dass man müde oder kaputt ist. Hast du denn auch genug Me-Time? Gönnst du dir auch Zeit für dich? Wenn ich diese Fragen gestellt bekommen habe, wäre ich gerne ausgeflippt: *„Ich bin alleinbegleitende Mutter und für alles, aber auch alles selbst verantwortlich. Ich kümmere mich um alles, verstehst du das, um wirklich alles alleine. Care-Arbeit, Haushalt, Finanzen, Einkäufe, Kleider und so weiter. Was glaubst du wann ich mir ME-Time nehmen soll?"* Stattdessen habe ich gelächelt und mir gedacht: Dich treffe ich nicht mehr, dafür habe ich dann mehr ME-Time. Ich musste gehen, wenn ich andere Paare gesehen habe, die sich liebevoll abgesprochen haben, wer heute die Kinder ins Bett bringt, wer ins Fitnessstudio geht und wer Me-Time hat. Me-Time. Dieser Begriff hat mich wahnsinnig gemacht. Me-Time. Me-Time. Me-Time. Zur Hölle mit der Me-Time.

Der Begriff hat mich also maximal getriggert – und was mich trifft, betrifft mich.

Me-Time war für mich früher, dass ich Zeit für mich habe. Zeit, in der ich einfach nichts machen kann, meine Füße hochlege, die Wand anschaue und die Seele baumeln lasse. Stundenlang. Ohne, dass mir irgendjemand oder irgendetwas eine Deadline an meine Me-Time klemmt. Oder, dass ich jederzeit frei entscheiden konnte, wohin ich gehe, was ich mache und vor allem, wann ich etwas mache. Also keine Me-Time, die auf Kommando verordnet wird: *„Am Dienstag, um halb drei, kommt für zwei Stunden die Oma zur Betreuung, in der Zeit kannst du dir ME-Time nehmen."* Bitte was?!

Ein absichtsvoll zynischer Absatz. Denn als zynisch gilt laut Definition, wer seinem Umfeld ablehnend und spöttisch begegnet.[10] Das habe ich getan. Ich fühlte mich unverstanden und nicht gesehen. Ich habe Mitleid anstatt Mitgefühl gesucht. Ich habe mich selbst bemitleidet. Ich habe mich unfrei, eingeengt und abhängig gefühlt. Ich dachte, dass ich nicht mehr frei entscheiden kann, dass mir meine ganze Me-Time genommen wurde. Und ja, ein bisschen war das auch so. Ein bisschen ist es immer noch so. Zu Beginn einer Mutterschaft ist das so. Man gebärt Leben und erhält gleichzeitig einen Rucksack voller Verantwortung, den man nicht gewohnt ist zu tragen. Ich bin unter dieser Last nicht zusammengebrochen, aber ich war genervt, dass ich ihn alleine tragen musste und dass niemand anderes da war, mit dem ich den Rucksack teilen konnte. Ich durfte in die Rolle hineinwachsen und habe für mich entdeckt, dass der Rucksack kein Rucksack voller Lasten ist. Ganz im Gegenteil: Eher einen Rucksack voller Geschenke. Dort landet alles, was ich mache und tue, wie ich mich verhalte und was ich sage. Plötzlich war es nicht mehr dieser schwere Rucksack, der mich nervte, sondern leichtes Gepäck, mit dem ich durch mein Leben reisen wollte.

Ich habe also begonnen, mir aufzuschreiben, was meinen Energietank füllt, was mich glücklich und zufrieden macht. Wie kann ich meine mentale und körperliche Fitness aufrechterhalten? Das war nicht nur Zeit für mich alleine. Me-Time war für mich auch, Zeit mit meinem Sohn und unserer Hündin im Wald zu verbringen, Regenwürmer, Schnecken und Pferde zu beobachten oder mit ihm gemeinsam einen Kuchen zu backen und mit Fingerfarbe zu malen. Denn das war es, was mein Herz erfüllte und mich füllte.

Gleichzeitig habe ich festgestellt, wie beruhigend ich Putzen und die Wohnung am Abend Aufräumen finde. Das hat mich nach dem fordernden Alltag entspannt und ich habe begonnen, alltägliche Aufgaben meditativ zu machen. Das bedeutet für mich, völlig im Moment zu sein. Ich meditiere gerne und regelmäßig und habe mein erstes Meditationstraining im Zen-Buddhismus gemacht. Bei

meinen Aufenthalten in verschiedenen Klöstern durften wir beispielsweise, neben den „normalen" Meditationseinheiten, Blätter
zupfen, fegen oder andere Tätigkeiten tun, die erledigt werden
mussten. Samu. Zazen in Bewegung.[11] Man sagt im Zen-Buddhismus,
dass jeder, der zum Aufräumen und Putzen bereit ist, das Glück
der Veränderung erfahren wird. Wer Ordnung in seine Umgebung
bringt, der bringt sie auch in sein Herz. So war das für mich. Dinge,
die mich genervt haben, habe ich begonnen wertzuschätzen.

Außerdem ist Me-Time für mich Radfahren oder Joggen. Ich
brauche Bewegung wie die Luft zum Atmen. Auch lese ich gerne.
Fachbücher. Ich liebe es, mir neues Wissen anzueignen und mich
damit weiterzuentwickeln. Persönlichkeitsentwicklung ist für mich
einer meiner höchsten Werte geworden. Ich begleite nicht nur
Menschen, auch ich selbst entwickle mich jeden Tag weiter. Ich
bin mein erster und werde für immer mein letzter Coachee sein.
Jede Coachingstunde wurde zur Me-Time. Me-Time bedeutet all-
gemein nichts anderes, als sich Zeit für sich zu nehmen, in der
man tun und lassen kann, was man möchte.[12] Als Mutter hat Me-
Time für mich eine ganz neue Definition bekommen. Es ist so viel
mehr als nur Zeit für mich. Selbstverständlich ist auch die Zeit,
die ich ganz für mich alleine habe, exklusiv und wertvoll und ich
will sie nicht missen. Aber mir fällt es mit der neuen Perspektive
viel leichter, diese zu planen. Weil ich schon so viele Momente in
meinem Alltag habe, die zu meiner Me-Time dazugehören. Die
mich erfüllen und mich glücklich machen, sodass ich nicht sehn-
süchtig bis zur nächsten Betreuungsstunde warten muss, sondern
mich darauf einfach noch zusätzlich freuen kann.

Me-Time bedeutet für mich also nicht nur „Zeit für mich" oder
„Zeit, in der ich tun und lassen kann, was ich möchte". Es bedeutet
für mich auch, eine Auszeit vom Alltagstrubel zu nehmen und
mir damit selbst etwas Gutes zu tun. Mit meiner Me-Time möchte
ich meinen Energietank, mein Herz, auffüllen und dafür gibt es
mehrere Möglichkeiten. Me-Time ist variabel und vor allem stetig
in Veränderung.

Ich sehe dich, weil ich mich sehe

Die Beziehung zu meinem Kind bedeutet mir, gemeinsam und jeder für sich, zu sein. Mein Kind ist kein Teil von mir, sondern ein eigenständiges Individuum. Meine allererste Amtshandlung war das Durchtrennen der Nabelschnur bei der Geburt. Obwohl ich Unmengen an Blut verloren hatte, habe ich mir das so sehr gewünscht, da es für mich für Eigenständigkeit und Unabhängigkeit steht. Mein Sohn ist nicht auf dieser Welt, um mich glücklich zu machen. Mein Sohn ist auch nicht auf dieser Welt, damit er meine Träume lebt oder macht, was ich ihm sage. Mein Sohn ist auf dieser Welt, damit er sich entdecken, entfalten und entwickeln kann. Ich bin hier, um ihn auf diesem Weg zu begleiten. Die besten Zutaten dafür sind Liebe, Halt, Sicherheit und Unterstützung, wann immer er sie braucht. Das klingt so einfach, aber es war und ist immer wieder eine Herausforderung. Denn es passiert schnell, dass ich meine eigenen Denk- und Verhaltensmuster auf meinen Sohn unbewusst oder bewusst übertragen möchte. Entweder, weil ich es nicht besser weiß, oder weil ich glaube, dass es besser ist.

Das beste Beispiel für mich ist der Umgang mit Essen. Ich hatte klare Regeln. Essen am Tisch. Drei Mal am Tag feste Mahlzeiten. Mittags warm und abends kalt. Regeln, die ich gelernt hatte und die man vielleicht auch einfach so macht. So, wie es sich gehört und so wie es sein sollte. Mein Sohn hat all diese Regeln über Bord geworfen und ich war völlig verzweifelt, weil damit jedes Mal mein inneres Kind getriggert wurde. Bis ich begonnen habe, bei allem, aber wirklich bei allem, zu hinterfragen: Wer sagt das denn? Wer hat entschieden, dass es so sein soll? Wo habe ich das gelernt? Kann ich es vielleicht anders machen? Kann ich neue Regeln finden, die sich für uns beide stimmig anfühlen, oder werfe ich auch einfach mal meine Regeln über Bord und zäume das Pferd von hinten auf? Für mich war das wieder so ein Kategorisierungs-Ding. Wie bei dem „Status" alleinbegleitend. Irgendjemand hat einmal eine Regel aufgestellt und ich habe sie übernommen. Der Punkt für mich ist, dass das ja nicht unbedingt heißt, dass alle Regeln schlecht sind. Ganz im Gegenteil. Wir leben in einer Gesellschaft mit Milliarden Individuen. Jeder von uns ist anders. Wir brauchen ein paar Regeln, einen gemeinsamen Konsens, ein Geländer, an dem wir uns entlang hangeln können. Aber ich wollte nicht, dass sie mich einengen, wütend und starr werden lassen. Die meisten Regeln, die ich hatte, lernte ich erst kennen, als mein Sohn etwas anderes wollte als ich und sich in seinen jungen Jahren nicht mit Worten artikulierte, sondern mit wilden Gesten oder einfach Schreien. Es war, als lernte ich eine Fremdsprache. „Babysprache". Jeden Tag kam etwas Neues dazu. Jeder Tag wurde neu gedacht.

Für mich waren in unserem Miteinander die elementarsten Fragen: *„Würde ich das wollen?"* Würde ich zum Beispiel wollen, dass man mich vor versammelter Mannschaft wickelt? Würde ich essen wollen, wenn ich gar kein Hunger habe? Ich lernte, seine Signale wahrzunehmen und die Sprache, die er spricht, zu verstehen. Die Körpersprache. Schon ein kleines Wegdrehen des Kopfes bedeutet, ich möchte gerade keine Nähe. Das bist du, die kuscheln möchte, aber nicht ich. In anderen Momenten war es der Wunsch nach der Brust ohne Hunger, der mir zeigte, dass jetzt Nähe dran war. Je mehr ich auf ihn geachtet habe, desto besser verstand ich. Und je stärker ich mich und meine Bedürfnisse wahrnahm, desto besser konnte ich ihn sehen. Genau das ist für mich Beziehung: eine Wechselwirkung. Ich habe immer gedacht, ich muss nur mich kennenlernen. Ich muss nur mich verstehen und dann ist alles super. Dafür brauche ich niemanden. Das sehe ich heute anders. Ja, ich muss mich verstehen, aber ich lerne am meisten über die Beziehung zu mir in der Wechselwirkung mit anderen Menschen. Es ist also ein Geben und Nehmen. Ich bin aufmerksamer und wachsamer geworden und wenn ich meine Bedürfnisse erfülle, die nicht mit denen meines Sohnes in Einklang sind, übernehme ich die volle Verantwortung dafür.

Ich habe mich beispielsweise einige Male ENT-SCHULDIGT, als ich meinen Sohn in die Kita gebracht habe, indem ich gesagt habe: *„Die Mama muss arbeiten."* Ein Satz, den man halt so sagt und der im ersten Moment keine große Bedeutung hat. Bis er kurz darauf sprechen konnte und antworte *„Mama, nein Arbeit"*, ich aber dachte: *„Doch"*. Ich stellte fest, dass ich die Schuld immer auf die Arbeit schob, sodass ich mich nicht schuldig fühlen musste. Weil alle arbeiten, muss ich das auch. Denn ohne Arbeit haben wir nichts zu essen. Aber ist das wirklich so? Nein. Tatsache war, dass ich gerne arbeiten ging und Spaß an meiner Arbeit hatte. Dass ich eher unausgeglichen war, wenn ich gar nichts machen konnte. Also sagte ich ihm das. Ich übernahm die Verantwortung für mein Handeln. Denn, wenn ich etwas anderes möchte, kann ich mich jeden Tag für etwas anderes entscheiden. Ich sagte, dass ich gerne arbeiten gehe und mir das Spaß macht, aber nach ein paar Stunden Betreuung wiederkomme und dann ganz für ihn da bin. Ich glaube, dass es einen Unterschied gemacht hat und er das verstanden hat. Er sagt seitdem nicht mehr *„Mama, nein arbeiten"* sondern *„Mama arbeiten"*.

Seine Bedürfnisse wahrzunehmen, zwischen den Zeilen zu lesen, ihm zuzuhören und ihn unterstützen zu können, bedeutet sehr viel für mich. Denn es bedeutet gleichzeitig auch, dass ich Selbiges bei mir mache. Ich kann ihn nicht begleiten, wenn ich mich nicht begleiten kann. Ich kann ihm nicht zuhören, wenn ich noch nicht einmal mir zuhören kann. Ich mache es mir jeden Tag zur Aufgabe, dass ich unser beider Bedürfnisse erkenne und vereinen kann und falls sie sich nicht vereinen lassen, dass ich eine ganz bewusste Entscheidung dafür oder dagegen treffe. Für diese Beziehung ist meine Persönlichkeitsentwicklung, meine Fähigkeit, mich selbst zu reflektieren, unerlässlich. Das ist für mich die Grundlage einer zwischenmenschlichen Beziehung. Ein Miteinander auf Augenhöhe, Ehrlichkeit und Wertschätzung. Als Mutter hat man, solange die Kinder noch klein sind, eine sehr machtvolle Position. Man kann ihnen Dinge wegnehmen, ihnen Sachen verbieten, schreien, ihnen Angst machen oder in irgendeiner anderen Art und Weise ihre –

nicht nur emotionale – Abhängigkeit ausnutzen. Für mich ist es genau das, was wir nicht machen sollten. Ein Miteinander fängt nicht ab einem gewissen Alter an. Es fängt mit der Schwangerschaft an. Wie verhalte ich mich, was esse ich, was trinke ich?

Für mich ist eine bedürfnisorientierte Begleitung die oberste Priorität in unserer Beziehung. Ich habe dafür kein Patentrezept und keine allgemeingültige Antwort, wie das geht. Aber ich habe eine Intuition, der ich folge und eigne mir regelmäßig Wissen an. Ich vertraue mir, weil ich weiß, dass ich mich auf mich verlassen kann. Ich sehe dich, weil ich mich sehe.

Oder: Ich bin Mutter geworden

Ich wartete ganz lange darauf, dass alles wieder wie vorher werden würde. Dass ich wieder zu derselben verrückten Person würde und einfach „die Alte" bleiben konnte. Ich hatte diese negative Konnotation im Ohr: *„Sie ist Mutter geworden und hat sich total verändert."* Ich wollte stattdessen lieber hören: *„Sie hat ihr Kind in ihr Leben integriert, sich nicht angepasst und nichts dafür aufgegeben".* Doch dann, eines Morgens, sah ich in den Spiegel und merkte, dass ich mich verändert hatte. Ich denke anders. Ich fühle anders. Ich handle anders. Mein Körper, meine Werte, Interessen und Grenzen haben sich verändert. Meine Welt ist neu und ganz anders schön als davor. Ich bin Mutter geworden.

„Die Geburt eines Kindes und der Eintritt in die Mutterschaft stellt ein signifikantes Lebensereignis für eine Frau dar, das mit wesentlichen biografischen Umbrüchen einhergehen kann. Die Mutterschaft wird als Umbruchsphase beschrieben, die im Leben einer Frau als Prozess verläuft. Ein Umbruch mit einhergehenden Zugewinnen und Verlusten. Es werden die Ebenen des körperlichen, psychischen, sozialen und spirituellen Wandels, auf denen Veränderungen stattfinden, definiert. Frauen durchleben einerseits einen Wandel des eigenen Körpers mit hormonellen Veränderungen, andererseits erhält die Identität einer Frau im Laufe der Transformation zur Mutter neue Aspekte oder wird als Gesamtes als eine Veränderung wahrgenommen. Freundschaften können evaluiert und neu eingeordnet werden. Um diese Lebensphase klar benennen zu können, wurde der Begriff Matrescence unterbreitet. Bei der Begriffsklärung wird der Bezug zu Adolescence hergestellt.Im deutschsprachigen Kontext fehlt bisher eine offizielle Bezeichnung für die Phase des Mamawerdens. Muttertät soll hier Abhilfe schaffen.[13] *In beiden Lebensphasen können Orientierungslosigkeit und Neuorientierung sehr präsente Erfahrungen sein."*[14]

Genauso ist es gewesen. Neuorientierung und Orientierungslosigkeit. Ich habe alles erlebt und gefühlt. Ich dachte dabei immer, dass etwas mit mir nicht in Ordnung sei. Doch heute weiß ich: Mit mir ist alles in Ordnung und das ist ein ganz normaler Prozess. Ich hätte mir und meiner Entwicklung einfach „nur" vertrauen dürfen, anstatt zu glauben, ich entspreche nicht der Norm.

In den ersten zwei Jahren meiner Mutterschaft habe ich mich, neben meinem Sohn, hauptsächlich um mich selbst gekümmert. Ich habe alle Überflüssige Stück für Stück eliminiert und mich auf das Wesentliche konzentriert. Ich habe jeden Tag in den Spiegel geschaut, mich meinen Ängsten und Wünschen gestellt und mit mir selbst gearbeitet. Ich bin mutig auf Entdeckungsreise meiner selbst gegangen. Es gibt jedoch eine Sache, die ich gerne früher verstanden und gefühlt hätte: Selbstvertrauen. Denn rückblickend habe ich mir viel zu spät die Erlaubnis gegeben, einfach zu sein und ins Vertrauen zu kommen, dass alles okay ist, so wie es ist, und dass ich mir vertrauen kann. So, wie es mein Sohn schon gemacht hatte und mir meine Therapeutin damals die Frage gestellt hatte: *„Frau Jux, Sie haben ein Vertrauensangebot erhalten, nehmen Sie es an?"* Ich habe das Ausmaß dieser Frage erst jetzt, knappe drei Jahre später, verstanden.

Und ja, auch beim Schreiben dieser Zeilen weiß ich, dass alles genauso richtig war, wie es war und ich diese Zeit gebraucht habe, um dieses Gefühl des Vertrauens zu verinnerlichen. Der Begriff ist zusammengesetzt aus dem Präfix „Ver-", welches hier das „resultierende Vollenden" ausdrückt, und dem Wort „trauen", also etwas wagen, Mut haben, hoffen und glauben. Es bedeutet den vorbehaltlosen Glauben, dass man sich auf etwas oder jemanden im hohen Maße verlassen kann.[15] Und das war in allererster Linie ich selbst. Das Mutterwerden war der aktive Startschuss zu meinem Selbstvertrauen. Mit diesem Gefühl ist so vieles leichter geworden. Denn es darf leicht sein, auch wenn es nicht immer einfach ist. Woran ich merke, dass ich dieses Gefühl verinnerlicht habe? Ich stehe aktuell wieder vor einer großen Herausforderung, die Urängste in mir hervorholt, der kleine aber feine Unterschied ist, dass ich mir und meinen Fähigkeiten vertraue. Ich weiß, dass ich eine Lösung finden werde und alles in mir habe, was ich für meinen Weg brauche. Dieses Gefühl ist unersetzlich. Dieses Gefühl, dieses Vertrauen in mich, meine Fähigkeiten, meine Werte und Handlungen. Das ist es, was ich meinem Sohn vorleben möchte. Vertrauen. Tiefes Vertrauen.

„Wenn wir kein Vertrauen in uns selbst haben, leben wir getrennt von dem, was wir sein können"
Susana Garcia Ferreira

Das ist mein „neues Ich". Eine Person mit mehr Selbstvertrauen. Ich vertraue mir und ich darf sein, so wie ich bin. Das Leben ist ein Tanz für mich. Manchmal bin ich voll im Takt, ein anderes Mal hinke ich hinterher. Aber ich vertraue darauf, immer wieder zur richtigen Zeit in den Takt zu kommen.

Die leise Kraft des Selbstvertrauens

Ich habe auf meinem Laptop einen Sticker kleben, den ich von unserer Reise nach Südafrika mitgebracht habe, auf dem steht: *„One of the most difficult things is not to change society – but to change yourself"* Nelson Mandela. Das ist meine einzige Botschaft an dich. Höre auf, die Fehler für das, was passiert ist, im Außen zu suchen. Höre auf, andere für dein Unglück verantwortlich zu machen. Höre aber vor allem auf, andere für dein Glück verantwortlich zu machen.

Stattdessen übernimm die Verantwortung für dein Leben und deinen Weg! Lerne dir und deinen Fähigkeiten zu vertrauen, dich selbst wertzuschätzen und zu lieben und du wirst jedes Hindernis überwinden können. Denn ich bin der tiefen Überzeugung, dass wir immer genau das bekommen, was wir brauchen. Das hinter jedem vermeintlichen Hindernis eine Lernaufgabe steckt. Du kannst dir die Frage stellen: Was darf ich hier gerade lernen? Das Leben, das Universum, die höhere Macht oder Kraft, nenne es, wie du möchtest, schickt uns immer genau die Aufgaben, die uns wachsen lassen. Das Leben spielt immer für uns, nie gegen uns. Auch, wenn wir vorwärts leben dürfen und erst rückblickend verstehen, für was das jetzt schon wieder gut war. Und ja, ich weiß, wie es sich anfühlt, wenn man plötzlich vor dem Mount Everest „alleinbegleitende Mama" steht mit mehr als nur einem Hindernis. Ich weiß, wie hoch, kalt und grau dieser Berg aussieht und wie klein, verzweifelt, machtlos und hilflos ich mich in so vielen Momenten gefühlt habe.

Ich war so viele Jahre in emotionalen Abhängigkeiten von anderen gefangen. Ich habe Menschen gebraucht, die mich erfüllen, damit ich das Gefühl habe, vollständig oder gar lebendig zu sein. Meine Reise als alleinbegleitende Mama hat mir allerdings genau das geschenkt, was ich brauchte. Alleine sein und ein Spiegel sein – nur für mich. Denn das sind unsere Kinder. Ein Spiegel unserer Seele. Sie drücken aus, was wir nicht können. Sie schenken uns ganz viele Trigger, aber noch mehr Glimmer Momente. Ich habe Dinge in meinem Leben zuerst für meinen Sohn gemacht, weil ich ihm ein besseres Leben wünschte. Bis ich erkannt habe, dass ich damit die Verantwortung für mich abgebe. Also habe ich ihm die unsichtbare Last von seinen Schultern genommen. Ich mache Dinge heute für mich. Es ist meine Aufgabe, mich um mich zu kümmern und dafür zu sorgen, dass es mir gut geht. Denn nur dann kann ich gut für ihn sorgen.

Was mich auf meinen Weg unterstützt hat und was ich dir mitgeben möchte, ist „*What if I fall? Oh, but my darling, what if you fly?*". Habe den Mut dich dem freien Fall hinzugeben und vollständig zu vertrauen. Habe den Mut, loszulassen, was dich so lange definiert hat und das Vertrauen, dass dich genau das wiederfinden wird, was zu dir gehört. Habe den Mut Klischees hinter dir zu lassen und deinen eigenen Weg zu gehen. Mari Kondo beschreibt in ihrem Buch[2], wenn die Dinge, die man losgelassen hat, wieder zu einem zurückkommen, dass diese dann auch wirklich zu einem gehören. So ist es. So fühlt sich das an. Es waren Dinge dabei, die mir gut gefallen haben und die wieder zurückkamen, aber auch Eigenschaften, die ich an mir verachtet habe, weil ich dachte, anders sein zu müssen, um anerkannt und geliebt zu werden. Ich habe gelernt, meine vermeintlichen Schwächen zu lieben und meine Stärken zu stärken. Mich so anzunehmen, wie ich bin und mir zu vertrauen. (Selbst) Liebe ist stärker als (Selbst) Hass. Anstatt im Widerstand mit den Hindernissen zu sein, im Widerstand mit Dingen, die du nicht ändern kannst, lass diesen Widerstand los und finde Lösungen. Denn deine Reise zu dir selbst ist eine Lebensreise. Sie wird nie aufhören. Es ist immer nur die Frage, wie du mit den Steinen, die dir in den Weg gelegt werden, umgehst. Siehst du sie als Hindernis oder als Chance?

Das alles ist für mich Persönlichkeitsentwicklung, Mindset-Arbeit. Es ist die Bereitschaft, uns und unsere Muster besser kennenzulernen. Scheue keine Kosten und Mühen, in dich zu investieren, denn das wird dir kein Mensch, kein Umstand oder keine Situation auf dieser Welt mehr nehmen können. Es macht dich freier und leichter. Jeden Tag ein bisschen mehr.

Falls du gefühlt hast, was ich geschrieben habe, melde dich gerne bei mir, um deine Gedanken und Gefühle zu teilen. Für deine Gedanken, ein Feedback oder auch Coaching. Ich biete Coachings an, in denen es um nichts anderes geht außer um dich. Um deine ganz persönliche Heldinnenreise. Für mich ist es unerlässlich, professionelle Begleitung auf meinem Weg zu haben, damit ich meine blinden Punkte erkenne. Vielleicht ist es das für dich auch. Genau deshalb gebe ich das auch weiter. Ich freue mich von dir zu lesen oder zu hören.

Du hast folgende Möglichkeiten mich zu finden:
◎ Instagram: instagram.com/collinejux/
⊕ Website: collinejux.com

Danksagung

Meine Danksagung ist vielleicht untypisch, aber sie fängt bei mir an. Denn in allererster Linie möchte ich mir danken. Für meinen Mut, mein wachsendes Vertrauen in mich und für meinen unaufhaltsamen Willen, immer wieder aufzustehen, die Krone zu richten und weiterzugehen. Ich möchte mir danken für die Kraft, die ich immer wieder gefunden habe, schien sie noch so verschüttet. Und ich möchte mir vor allem Danke sagen für die Liebe, die ich angefangen habe, mir zu schenken und die Freundschaft, die ich zu mir aufgebaut habe. Ich danke dir, Colline. Make your day a happy day.

Danach möchte ich meinen Sohn danken. Danke für dein Vertrauensangebot, dass du mir geschenkt hast und danke, dass du mir gezeigt hast, was bedingungslose Liebe bedeutet. Du hast nicht nur mein Leben verändert, du hast auch mich verändert. Du bist das größte Geschenk, das mir der Himmel gesandt hat und mein Herz hat schon lange nach dir gerufen. Ich liebe dich. Auf ewig, deine Mama.

Auch möchte ich meiner Mutter, unserer Oma, danken. Ohne ihre Unterstützung, ihre Liebe und ihr Dasein wäre ich so oft so aufgeschmissen gewesen. Ich weiß, dass ich das lange nicht annehmen konnte, im Widerstand war und mich dagegen gewehrt habe, denn ich hatte das Gefühl, dass ich auf voller Linie versagt hätte, wenn ich wieder die Unterstützung meiner Mutter brauchte. Aber nein, ganz im Gegenteil. Es hätte kein schöneres Band zwischen uns neu geknüpft werden können und ich freue mich jeden Tag, den du mit uns verbringst und unsere beiden Leben bereicherst, einfach nur mit deiner Präsenz. Ich glaube, Mamas sind dafür geboren. Für ihre Kinder. Sie werden für den Rest ihres Lebens für ihre Kinder da sein. Egal wie alt, egal wie weit weg, egal wie verrückt die Situation auch sein mag. An dieser Stelle, danke, Mama. Danke für alles. Ich kann es nicht in Worte fassen, aber ich spüre tiefe Demut und Dankbarkeit.

Zu guter Letzt möchte ich meinem Vater danken. Auch, wenn er in diesem Buch keinen großen schriftlichen Teil eingenommen hat, ist er derjenige, dem ich meinen unbändigen Willen, meine Ausdauer und meine Kraft zuschreibe. Das habe ich von dir gelernt und das hat mich in den letzten Jahren immer wieder aufstehen und weitergehen lassen. Auch, wenn ich manchmal nicht mehr konnte, sind das Fähigkeiten, die ich nie in Frage gestellt habe. Denn ich weiß, ich habe sie. Danke.

LITERATURVERZEICHNIS

1   Textor, Martin R., Mutterschaft: Identität und Erleben, veröffentlicht 2000, (https://www.kindergartenpaedagogik.de/fachartikel/psychologie/110/, 26.05.2024).

2   Kondo, Marie, Autor, Lubitz, Dr. Monika, Übersetzerin, Magic Cleaning: Wie richtiges Aufräumen Ihr Leben verändert, Taschenbuch, veröffentlicht 1. März 2013.

3   Schulz, Sindy, Affäre Definition – das sollten sie wissen, veröffentlicht am 6.02.2023, (https://ratgeber.bunte.de/affaere-definition-das-sollten-sie-wissen_131026, 26.05.2024).

4   Konrad, Sandra, Nicht ohne meine Eltern: Wie gesunde Ablösung all unsere Beziehungen verbessert – auch die zu unseren Eltern, 6. Auflage, 30.03.2023, Piper Verlag.

5   Statistisches Bundesamt, Haushalt und Familien, Familien, (https://www.destatis.de/DE/Themen/Gesellschaft-Umwelt/Bevoelkerung/Haushalte-Familien/Glossar/familien.html#:~:text=Die%20Familie%20umfasst%20im%20Mikrozensus,Alleinerziehende%20mit%20Kindern%20im%20Haushalt, 26.05.2024).

6   Schleicher, Hans, Prof. Dr., in der Erstversion, Überarbeitung und Aktualisierung: Prof. Dr. Susanne Nothhafft, Professorin für Recht an der Katholischen Stiftungsfachhochschule, München, erstellt am 22. April 2002, zuletzt geändert am 31.Oktober 2016, (https://www.familienhandbuch.de/familie-leben/recht/ehe-familie/ElterlicheSorgeRechtlicheDefinition.php#:~:text=Das%20Bundesverfassungsgericht%20(BVerfG)%20versteht%20unter,Vaters%20zu%20ihrem%20nichtehelichen%20Kind, 26.05.2024).

7   Simon, Romy, Dr. Phil., Familie, veröffentlicht am 20.04.2023, (https://www.socialnet.de/lexikon/Familie, 26.05.2024).

8   Watzlawick, Paul, Paul Watzlawick über menschliche Kommunikation, Axiome, (https://www.paulwatzlawick.de/axiome.html, 26.05.2024).

9   Marquardt, Sabine, Dr., Was bedeutet: Man kann nicht nicht kommunizieren?, in Allgemeines zu NLP, NLP & Coaching, NLP & Führung, NLP & Kommunikation, NLP & Systeme, veröffentlicht am 3. 04.2012, (https://nlpheidelbergmannheim.wordpress.com/2012/04/03/was-bedeutet-man-kann-nicht-nicht-kommunizieren/, 26.05.2024).

10 Vgl. Gielas, Anna, Wie sich zynische Menschen selbst schaden, Psychologie
nach Zahlen: Eine zynische Grundhaltung sabotiert das seelische und körperliche Wohlbefinden – und kann auf mindestens fünf Arten schaden,
in Psychologie Heute, Gesundheit, Psychologie nach Zahlen, veröffentlicht
am 07.04.2021, (https://www.psychologie-heute.de/gesundheit/artikel-
detailansicht/41105-wie-sich-zynische-menschen-selbst-schaden.html,
26.05.2024).

11 Zen-Begriffe, Daishin Zen Kloster, Unabhängig von allem, folge dem Weg
deines Herzens, (https://zen-kloster.de/zen/begriffe/, 26.05.2024).

12 AOK-Gesundheitsmagazin, Me-Time: endlich ausgeglichen durch Zeit für
mich, Rubrik Achtsamkeit, (https://www.aok.de/pk/magazin/wohlbefinden/
achtsamkeit/me-time-um-sich-selbst-kuemmern/#:~:text=Allgemein
%20bedeutet%20Me%2DTime%20nichts,etwa%20in%20Form%20von%20
Entspannungs%C3%BCbungen, 26.05.2024).

13 Friedrich, Jana, Muttertät – damit diese verrückte Zeit endlich einen
Namen bekommt, Absatz: In Deutschland fehlt die Benennung des Prozesses, Hebammenblog, 07.11.2023, (https://www.hebammenblog.de/
muttertaet-begriff-fuer-die-mutter-werdung/, 07.07.2024).

14 Krämer, Svenja; Meyer, Hanna (2023): Veränderungen und Herausforderungen in der Phase des Mutterwerdens: Matrescence, Matreszenz, Muttertät. Eine Begriffsannäherung, IU Discussion Papers - Sozialwissenschaf-
ten, No. 2 (April 2023), IU Internationale Hochschule, Erfurt, (https://
www.econstor.eu/bitstream/10419/271065/1/1843712407.pdf, 06.07.2024).

15 Values Academy, Werte Lexikon, Rubrik: Alle Werte, Vertrauen, Wort-
herkunft, (https://www.values-academy.de/vertrauen/, 06.07.2024).

Bildnachweise

Cover:
Augenblick Photography by Shpresa

Porträt:
Studioline Photography (studioline Photostudios GmbH)

Phase 1: Pari Jux
Phase 2: Colline Jux
Phase 3: Pari Jux

Illustrationen und Bildbearbeitung: Silke Wildner

Sarah Zöllner

Sarah Zöllner ist freie Journalistin und Autorin. Ihre Themenschwerpunkte: Vereinbarkeit von Familie und Beruf, die Aufwertung von Care-Arbeit und die Stärkung von Alleinerziehenden. 2020 ist ihr erstes Buch „Alleinerziehend – und nun?" erschienen, 2023 ihr zweites Buch „Mütter. Macht. Politik. – Ein Aufruf!". Sie ist Co-Initiatorin der Aktions- und Vernetzungsplattform www.muetter-macht-politik.de.

→ **Website: sarahzoellner.com**
→ **Initiative: www.muetter-macht-politik.de**

Silke Wildner

Autorin, Bloggerin und Podcasterin Silke Wildner gründete 2018 „Gut alleinerziehend" mit ihrem gleichnamigen Blog und den beiden Facebook-Gruppen zum Austausch. Darüber hinaus macht sie seit 2020 zusammen mit Sina Wollgramm den Podcast „Das AE-Team - der positive Podcast für Alleinerziehende und solche, die es werden (wollen)" und hilft als Mentorin Frauen unabhängig zu sein – mental, beruflich und finanziell.

→ **Website: silkewildner.de**
→ **Blog: gut-alleinerziehend.de**

ALLEIN MIT KIND
Unsere Erfahrungen, unsere Learnings, unser Leben!

Diese Buchreihe gibt Einblicke in das echte Leben allein mit Kind/ern. **Diese Bände sind bisher erschienen:**

Band 1
Flexibler Umgang nach Trennung von Silke Wildner
gut-alleinerziehend.de

Band 2
Wenn der Tod dazwischenkommt von Inga Krauss
verwitwet-alleinerziehend.de / gerechte-hinterbliebenenrente.de

Band 3
Jobglück für Solo-Mamas – Vom Mut deine eigene Heldin zu sein von Yvonne Thoben

Band 4
Mami macht's einfach – Selbständig im Helferberuf von Sarah Eyles
saraheyles.de

Band 5
Mut im Bauch – Wenn aus Liebe Leben wird von Colline Jux
collinejux.com

Weitere Bände sind in Planung!

"Allein mit Kind" ist so viel mehr als nur eine Buchreihe!
Wie es ist allein mit Kind zu leben? Die Autorinnen dieser Buchreihe geben jetzt auch online Antworten und echte Einblicke in ihre turbulenten und mutigen Geschichten:

→ Instagram: @alleinmitkind_community
→ Facebook: @Allein-mit-Kind-Community

So kannst du bei dieser Buchreihe mitmachen:
Wenn du über deine persönlichen Erfahrungen schreiben und einen Einblick in dein Leben alleine mit einem oder mehreren Kindern geben möchtest und wie es dazu gekommen ist, dann stelle deine Learnings und Erfahrungen für andere Leser*innen bereit. Wir laden dich herzlich dazu ein, diese Buchreihe zu erweitern! Wie das geht, was es kostet und wie der genaue Ablauf ist, das erfährst du von Silke Wildner.

Schreib ihr einfach eine Mail für weitere Infos an:
✉ buch.gut-alleinerziehend@gmx.de